《清明》書票

沈民義 製

三晉出版社

清明　　沈民義　2008

王　咏◎著

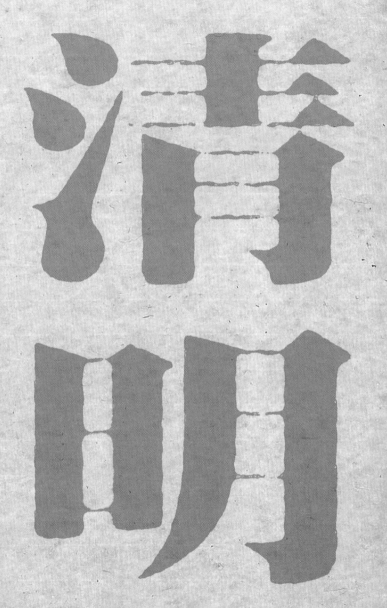

清明

山西出版传媒集团◎三晋出版社

目 录

　　对所有华人而言,清明永远是一个悲情、欢情、诗情并存的特殊节日。

　　清明节是我国四大传统节日之一,至今已有二千多年的历史,民间又称其踏青节、三月节、聪明节、秋千节等。从时间上来看,清明节一般都在农历的三月、公历的4月5日左右。从活动内容上看,清明主要有两个关键词:扫墓和踏青。扫墓,俗称上坟,是祭祀祖先和死者的一种仪式活动。清明是与中元、冬至并重的重要祭祀日。经过一冬的蛰伏,人们脱去冬装,在吹面不寒的杨柳风中拜祭去世的亲人,农历三月正是春光明媚、草木苏醒的时节,无论是田间的旧坟,还是城市郊外的公墓,希望的绿色总在清明时节如期而至,或多或少,象征着生命的春色,缓解了人们的悲戚。因此,扫墓

　◎ 草木知春

活动就和赏春奇妙地揉合在了一起。"清明时节雨纷纷,路上行人欲断魂。借问酒家何处有,牧童遥指杏花村"。杜牧这首脍炙人口的诗歌,就表现了清明时节人们扬泪感慨生死、小酌享受生命这种"悲喜交融"的生动景象。在这个意义上,清明节是"乐景哀情"的完美结合,也是东方生死辩证观的独特体现。

上巳寒食兼清明：清明考源

蹴鞠屡过飞鸟上，秋千竟出垂杨里。

少年分日作遨游，不用清明兼上巳。

——王维《寒食城东即事》

　　为什么清明节会是这样一个魂系彼岸逝者，又锺情现世生活的节日呢？这要从清明节的历史谈起。

　　从名字来看，"清明"一开始不是令节，而是二十四节气之一。从内容上分析，在清明节漫长的形成与发展过程中，融入了春季中上巳节、寒食节的内容。因此，它是一个复合型节日。上巳的狂欢精神、寒食的祭拜仪式与清明节气的物候特点相互融合渗透，成为

◎ 南京梅花山春游

后世清明节的扫墓、踏青、游艺的综合文化因子,也形成了今天清明节悲喜杂糅、既哭且歌的独特文化景观。就让我们回溯古老的历史长河,看看清明节的前世今生。

◆ 一、上巳：生殖狂欢 ◆

上巳是中华民族一个非常古老的传统节日,与寒食、清明相比,它诞生最早。对现代人而言,"上巳"可能只是故纸堆中的一个陌生名词,但在汉代之前,上巳已是全民参与的重要节日。其实,我们的现实生活或多或少和这个古老的节日有关系,甚至在某种意义上,上巳的"狂欢精神"一直存在于我们的生活中。它的主题或许可以被表述为中国式的"情人节"或"狂欢节"。

在浩如烟海的中国古代文献中,关于上巳的笔墨颇多。从起源时间上考证,它的起源可以追溯到公元前的周代。先秦时期上巳的具体日期是指干支历法中三月的第一个巳日。由于旧历三月上旬的巳日每年不同,为了简便操作,及至魏晋时期,上巳的日期便固定在基数相叠的三月初三。上巳的主要内容是被禊,与之相对应的主题,则是关乎"生死"的生命意识。

一、被禊

被禊,现代汉语的意思就是用水洗涤,以去邪迎祥。早在《周

◎ 展上巳（选自《每日古事画报》）

礼·春官宗伯》中就记载古人有三月上巳日延请神职者用香草洗澡的俗信："女巫，掌岁时祓除、衅浴。"郑玄注云："岁时祓除，如今三月上巳，如水上之类。衅浴，谓以香薰草药沐浴。"《后汉书·礼仪志第四》介绍说："是月上巳，官民皆絜于东流水上，曰洗濯祓除，去宿垢疢，为大絜。"《南齐书·礼志上》亦云："禊与曲水，其义参差。旧言阳气布畅，万物讫出，姑洗絜之也。巳者，祉也。言祈介祉也。一说三月三日清明之节，将修事于水侧，祷祀以祈丰年。应劭云：禊者，絜也。言自絜濯也。或云汉世有郭虞者，以三月上辰生二女，上巳又生一女。二日中频生皆死，时俗以为大忌。民人每至其日皆适东流水，祈祓自絜濯，浮酌清流，后遂为曲水。"自汉至唐，赋咏祓禊的极多，如晋张协有《洛禊赋》、隋卢思道有《上巳禊饮诗》、唐沈佺期有《上巳日祓禊渭滨应制》等。这些文献都表明在三月春阳最旺盛之时，上古人都要在水边清洗，因为他们相信这样能洗掉身上的污垢，达到消灾除邪的目的。孙作云先生在考证中国"泼水节"兼"三月三"的起源时，从字源学角度分析："所谓'泼水节'，即用水洗涤，以去邪迎祥，在中国叫做'祓禊'。其实'祓'字即是'拔'字，意指拔除不祥……因为这种行事有关于神事，所以把字写成从'示'。'禊'字的由来也是如此。'禊'即'絜（洁）'字，即用洗洁之法以去邪迎祥。因为它也是有关于神事，所以也从'示'。"（《美术考古与民俗研究》）

上巳在水边被禊风俗的初始意义与驱邪仪式有关,但是其引申而来的生命意义却更为影响深远。这种生命意义可以归纳为两个字。一曰"死",一曰"生"。"死"是指上巳春日,古人招魂续魄的行为。《太平御览》卷十八引《韩诗章句》有云:"'溱与洧,方涣涣兮。'谓三月桃花水下时,郑国之俗三月上巳,于此水招魂续魄,被除不祥之故也。"古人出于感应巫术心理认为,在阳气遍泽的春天,亡者的魂魄会如同草树一样萌动苏醒。余英时先生在《东汉生死观》中说,东汉时,古人已经有了鲜明的"魂升天、魄入地"的灵魂观点,而水域一向被认为是阴界的入口,因此,古人会选择在春天的水边招魂。"被禊"蕴含的"生"的意义,主要体现在恋爱、求子活动上。我们首先看《诗经·郑风·溱洧》:"溱与洧,方涣涣兮。士与女,方秉蕑兮。女曰观乎?士曰既且。且往观乎。洧之外,洵訏且乐。维士与女,伊其相谑,赠之以勺药。""溱与洧,浏其清矣。士与女,殷其盈矣。女曰观乎?士曰既且。且往观乎。洧之外,洵訏且乐。维士与女,伊其将谑,赠之以勺药。"这首民歌咏唱了郑国青年男女在春水流涨的溱水和洧水边两情相悦的情景,他们调笑戏谑,互相酬答,并赠以芍药为定情物。在传统的农耕模式中,"一年之计始于春",青年男女在春天的耕作劳动中开始接触、相互了解,因此春天也是恋爱的季节。《诗传名物集览》卷八解释这首诗说:"三月上巳之溱洧两水之上招魂续魄,秉兰草被除不祥,故

○ 野合图（四川成都汉代画像石）

诗人愿与所悦者俱往也。"即相爱的男女一起去看水上招魂仪式。这里提到了上巳祓禊的另一个社会功能，祓禊之事是与恋爱有关，是恋爱过程中的行事之一。

那么驱邪仪式怎么又和求爱、生殖有关了呢？在古人的原始思维中，水是一种神奇的自然力量，用水"祓禊"可以驱除一切邪恶或者疾病。由于对生理以及病理了解甚少，古人认为无子是一种恶疾，或者是一种神恩的匮乏。

在上古时代，生殖具有非常重要的意义。因为当时人类生活最重要的事就是与自然作斗争，尤其对发源于黄河流域的中原氏族而言，遭遇频繁的自然灾害，使他们认为最好的方法是有大量的人力。一来在生产工具不发达的古代，与自然作斗争主要采取的是人海战术，群策群力，方能制胜；二来面对伤害性较大的自然灾害，多子似乎是保存自身生理基因传承的重要途径。因此，人力的再生是重要的社会活动，在现实生存的意义上，繁殖后代不仅仅是个体的事件，而且成了关乎种族生存的大事。《周礼·地官司徒》便规定："令男三十而娶，女二十而嫁。"违者，掌管万民婚事的媒氏们就要强制执行。又据《周礼·地官司徒》记载："中春之月，令会男女。于是时也，奔者不禁。若无故而不用令者，罚之。司男女之无夫家者而会之。"意思是说，在仲春之月的特定节时，男女自由交合是合乎礼的，凡是未婚男女都必须参加这种活动。如果无故不参与这种活动的话,还可能会受到惩罚。这些外界环境的负面压力,对中华民族重宗族、重繁殖的民族心理不无影响。因此,无论个体还是国族,求子(特别是获得男丁)都是一件类乎神圣的事件。据学者考论,三月的上巳日成为求爱、求子的特定时日,就与崇尚谐音的"同声相应"的巫术心理有关:"巳"即"子"字,"上"与"尚"通,"上巳"也就是尚子的意思。 从这个意义上来看,这也是关乎求爱、繁衍后代的审美化节日。于是,"祓禊"就与爱情有了诗意的关联。在古代上巳日,青年男女如同候鸟年年在水边泽畔唱着情歌寻求爱情,这成了古代文学作品以及历史文献中最为浪漫的一个镜头。因此,我们就能理解为什么在《诗经》中缠绵悱恻的恋歌中一比兴,就比兴到春天的水边。如《诗经·周南·汉广》有曰:"汉有游女,不可求思。汉之广矣,不可泳思。江之永矣,不可方思。"《诗经·秦风·蒹葭》有曰:"蒹葭苍苍,白露为霜。所谓伊人,在水一方。溯洄从之,道阻且长。溯游从之,宛在水中央。"因为所有的恋歌,原来都是在春水边祓禊时,情不自禁唱出的。祓禊既然与恋爱有关,那么就可以理解祓禊与生殖也就是顺理成章的线型关系了。《后汉书集解》卷四引《西京杂记》云:"高祖与戚夫人正月上辰出百子池边灌濯,以祓妖邪。三月上巳张乐于流水。"池名"百子",当然与求子有关。帝王们都在三月上巳祓禊求子,可以想见民间上巳狂欢的程度。

◎ 虢国夫人游春图（局部，唐·张萱）

二、游艺

青年男女为了能有更多的机会接触交往，就发明了种种游玩和嬉戏的花样。其一就是"踏青"，其二为"曲水浮卵"。人们为了求子，在上巳的生殖礼俗中想出种种有趣的游戏，如"曲水浮卵"或"曲水浮枣"的游戏。张协《洛禊赋》有曰："夫何三春之令月，嘉天气之氤氲。和风穆以布畅，百卉晔而敷芬……浮素卵以蔽水，洒玄醪于中河。"又，潘尼《三日洛水作》有"羽觞乘波进，素卵随流归"，萧子范《家园三月赋》有"洒玄醪于沼沚，浮绛枣于泆泆"，庾肩吾《三日侍兰亭曲水宴》有"踊跃赪鱼出，参差绛枣浮"，都描写了这个风俗。那就是将鸡蛋或枣子等从上游顺流而下，在下游的人们捞取之，取其吉利之意。

"曲水浮卵"有着丰富的生殖象征意义。中国古代一直有蛋生人、蛋创世的传说。《山海经·大荒南经》提到"有卵民之国，民皆生卵"，郭璞注曰："即卵生也。"《史记·殷本纪》记载了简狄嬉水吞卵受孕的故事："殷契母曰简狄，有娀氏之女，为帝喾次妃。三人行浴，见玄鸟堕其卵，简狄取吞之，因孕，生契。"所以商族以玄鸟为图腾，奉鸟卵为生殖偶像，简狄神话便是这种生殖崇拜的产物。另，《渊鉴类函》卷一引三国徐整《三五历纪》述始祖盘古氏开天辟地的故事："天地浑沌如鸡子，盘古生其中。万八千岁，天地开辟，清阳为天，浊阴为地。盘古在其中，一日九变，神于天，圣于地"。除了史书与文献以外，还有各种口头传说，如贵州苗族古歌中记有先妣"生了十二个蛋，其中的一个蛋生成人类"的传说。我国西南地区少数民族广为流传的洪水神话中，也保留着"卵生人"的观念。神话说，洪水过后，天下只剩下兄妹两人，为了繁衍后代，兄妹结为夫妻，生下一个肉团，后来肉团破裂成为各民族的祖先。这个肉团实为肉卵，与蛋卵功能相同。

从人类学的角度而言，"蛋"的生殖象征意义是具有普世意义的人类文化心理。由于人类在远古时期，对繁衍的奥秘不能理解，禽卵孵化的直观经验，使得人类将"蛋"视为生命的起源。在很多传说中，人类乃至世界的起源都和蛋有关。正是对"卵"繁殖力的崇仰，使蛋成为生殖吉祥物。枣作为蛋的外形类似物，以及其本身与"早子"谐音，用类似律和语音崇拜的巫术心理加以解释也就顺理成章了。"曲水浮卵"衍生出一些与"蛋"相关的上巳风俗。以至于后来春季的节俗如寒食、清明均有大量与"蛋"相关的游艺活动或者习俗。这都与上巳中"蛋"所带来的生殖崇拜习俗有关。

晋朝时，一到三月三，京城倾城到水边嬉戏。《初学记》卷四引成公绥《洛禊赋》曰："考吉日，简良辰，祓除解禊，同会洛滨，妖童媛女，嬉游河曲，或振纤手，或濯素足，临清流，坐沙场，列樽罍，飞羽觞。"南朝梁宗懔《荆楚岁时记》亦记道："三月三日，四民并出江诸池沼间，临清泉，为流觞曲水之饮。""曲水流觞"是上巳节

○ 佳人拾翠（选自《点石斋画报》）

"浮卵之戏"的一种简化活动。其大致方式是众人围坐在回环弯曲的水渠边，将特制的酒杯置于上游，任其顺着曲折的水流缓缓漂浮，酒杯漂到谁的跟前停留下来，谁就取杯饮酒。如此循环往复，直到尽兴为止，其乐趣略同今人的"击鼓传花"或"丢手绢"。随着世族力量的崛起，"曲水浮卵"的草根生殖狂欢逐渐被"曲水流觞"等更为风雅的活动取代。文人将这一习俗发展成名士雅集的身份象征——酒杯停在谁的面前，不仅喝酒，还得赋诗一首。最有名的上巳雅集当属王羲之等人在山阴兰亭进行的"曲水流觞"，那次雅集所流传下来的诗文与书法，均成一绝。《梦粱录》卷二记道："三月三日上巳之辰曲水流觞故事，起于晋时，唐朝锡宴曲江，倾都禊饮踏青，亦是此意。"这段文字告诉我们，唐时上巳饮酒踏青已经成为主要的内容。杜甫写下了"三月三日气象新，长安水边多丽人"（《丽人行》）这样的名句。这个风俗直到民国年间还在文人之间流传。《扬州市志》记道："清代扬州上巳节尚有三月三'虹桥修禊'之举，文友傍曲水畅饮流觞，乘画舫吟唱诗词。市民亦多于三日前后春游踏青，旧有到水边祈祷、洗濯，以汰去晦气之俗。"可见三月三春日踏青的习俗对后世的文化辐射力有多么强大。

三、上巳与清明

可以说，上巳节奠定了后世清明节独特的"狂欢"韵味。从文献中可以看到，三月三上巳自先秦至唐均十分繁盛。从宋元时代

◎ 兰亭修禊图（明·文徵明）

开始,在大部分汉族地区,上巳已徒有其名,渐渐退隐。《岁时广记》卷十八云:"而寒食多与上巳同时。"记载北宋开封风俗的《东京梦华录》则无"三月三"的条目。准确地说,从宋元起,上巳节并非消失,而是合并到内容更为广泛、日期相近的清明节中了。为什么上巳在中国的民俗文化队列中慢慢消退了呢?可以说,以民众的恋爱、生殖为主题的上巳是"兴也治国术,败也治国术"。如前所述,先秦时期上巳的兴起源于最高统治阶层对人力的需求。然而对这种因人力现实需要造成的奔放民风也招来了大儒的质问。孔子曾两次批评《郑风》,子曰:"行夏之时,乘殷之辂,服周之冕,乐则韶舞。放郑声,远佞人。郑声淫,佞人殆"(《论语·卫灵公》)。子曰:"恶紫之夺朱也,恶郑声之乱雅乐也,恶利口之覆邦家者"(《论语·阳货》)。从统治术的角度考虑,孔子认为,放纵个体的情欲将会危害国家治理。当然,基于当时的实际要求,这种否定之声也只能不了了之。到了宋代程朱理学的兴起,上巳的慢慢消失也就理所当然了。

但是,由于时间与清明邻近,上巳重郊游踏青的特点被整合到清明节习俗之中。可以说,清明节盛行春游的习俗主要是继承上巳节的传统。

值得注意的是,以生殖狂欢作为主题的上巳并非没有在中华大地上留下痕迹。它的狂欢灵魂不仅留在了清明节,还比较完整地保留在儒家文化较少影响的少数民族文化风俗中，并且对东南亚一些地方也有影响。

　　喜欢旅游的人们一定对西南少数民族地区歌舞沸天的"三月三"留下深刻印象。很多少数民族，如黎族、白族、壮族、侗族等，仍然有着隆重而又热闹的"三月三"。黎族青年男女，要在三月选择合适的对象，在节日这一天，男女青年成群结队地来到山坡上，他们相互选择、相识，彼此交换定情物，倾诉爱情，欢度良宵。傣族的泼水节也在三月举行，泼水也被视为是"祓禊"的文化变体。人们相互泼水，彼此祝福健康平安，青年男女还在这个节日中举办一

◎ 圣迹之图（选一，明·无款）

种"丢包"的社交活动。"三月三"也是壮族的传统节日,对歌是"三月三"的一项主要活动,因此,三月三又称"歌圩"或"歌节",壮族素以善歌著称,而爱情是壮族青年歌声中永恒的主题。可见,在儒家文化没有完全进入的少数民族地区,产生于中原的"三月三"上巳主题却保存了下来,少数民族地区的"三月三"仍然是古风中唱歌、恋爱、狂欢的传统再现。据《中国地方志民俗资料汇编·西南卷》所录之《越嶲厅全志》记载,三月三上巳日,凉山彝族有"金马山会","凡男女无子者许童子愿,生子者还童子愿。有送童子还愿,方经通说为人抢去者,有刚至庙门为人抢去者,有所抢得童子被人夺者。自早至午,喧阗半日,谓之'抢童子'。得者喜笑而去,方还愿而被抢去者,亦不深怪"。从"金马山会"中也能找到中原古代上巳求子的遗风。

除了我国少数民族外,日本和韩国也保存了我国上巳的文化因子。据《韩国风俗民情研究》描述,相传三月三日是南下燕子的回归日,韩国这一天,女人们三三两两,走出户外尽情地游玩,野餐时要吃杜鹃花饼、花面、喝杜鹃花酒和桃花酒。同时,还用蝴蝶占卜,即通过蝴蝶的颜色占卜凶吉。据《现代日本人的风俗习惯》介绍,在日本,三月三日称为偶人节、女儿节、桃花节等。这个节日是专为家里的女儿庆祝的,要装饰偶人,祈祷女儿长得漂亮和幸福,供上艾叶做的菱形年糕、桃花,边饮白色甜米酒边祝贺。在古代,女儿节还有个重要的仪式，就是所谓的"流雏"，即祭典之后，将自己的灾祸转移到偶人身上，然后放偶人到河里冲走。孙作云先生在《〈诗经〉恋歌发微》的附录《关于上巳节二三事》中，论证这个习俗源自我国上巳的袚禊，并认为，日本三月三、春日赏花的风俗与我国古代上巳是源流关系。刘晓峰先生在《上巳节与日本的女儿节》一文中，考证了古代日本皇室也有上巳曲水流觞作诗的雅

○ 泼水节

◎ 春江水暖鸭先知

俗。因此，他论断，日本的"三月三"源自中国古代的上巳。

◆　二、节气清明：农事物候　◆

"清明"是有双层意思的特殊名词。它与"冬至"一样，既是节日，又是节气。从形成的先后时间看，"清明"首先是作为二十四节气之一出现在历史上的。汉魏以前的典籍中出现"清明"，一般是指与农事活动密切关联的节令名称。当然，后来居上的节俗"清明节"与节气之"清明"有着很大的关联。

一、节气

节气，是传统农耕社会中劳动人民口口相传的智慧结晶，是"万物生长靠太阳"的形象总结。我国古代用月亮历记录时间，用太阳历划分四季节气。古人将每五天称为"一候"，每三候为"一气"，合称节气。二十四节气是根据太阳在黄道（即地球绕太阳公转的轨道）上的位置来划分的，反映了太阳的周年视运动，所以节气在现行的公历中日期基本固定。当太阳垂直照在赤道上时，即为黄道零度，此为"春分"点，春分那天昼夜几乎相等，其后阳光直射位置逐渐北移，开始昼长夜短。依此前行，太阳每前进十五度，为一个节气，运行一周共计三百六十度，太阳回到春分点，即为一回归年。全年共分为七十二候二十四节气，它们依次是立春、雨水、惊蛰、春分、清明、谷雨、立夏、小满、芒种、夏至、大暑、小暑、立秋、处暑、白露、秋分、寒露、霜降、立冬、小雪、大雪、冬至。小寒、大寒。

二十四节气的诞生与农业文明有着直接的关系。从方法上来看,节气命名反应了农人对自然界物候现象、天文气候周期性变化的关注。从发源地看,它起源于黄河流域,也是以这一带的气候、物候为依据建立起来的;从时间上看,它源于春秋时代,历史上有"周公作时训,定二十四气"的说法。西汉太初元年(前104),汉武帝令邓平、唐都、落下闳等制定《太初历》,正式把二十四节气订于历法,用以指导农事。由于二十四节气比较客观地反映了一年四季气温、降雨、物候等方面的变化,具有重要的工具指导意义,所以古代劳动人民依照它来安排播种、耕种、收获等农事活动。农事活动是传统社会的核心社会内容,因此,节气不仅影响着千家万户的衣食住行,还影响了农人的文化心理结构,成为农家

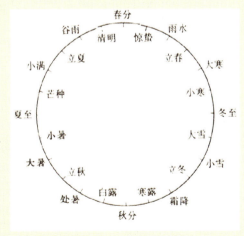

◎ 二十四节气

◎ 彩虹

占岁丰歉的重要预兆。

　　作为二十四节气之一的清明,时间约在冬至后一百零七日,春分后十五天,太阳黄经十五度,公历4月5日前后。《淮南鸿烈解》卷三云春分"加十五日,指乙,则清明风至"。意谓春分后十五日,北斗星柄指向乙位,则清明风至。清明风古称八风之一,这一时节,清明风吹来,温暖清爽,天地明净,空气清新,自然万物生机勃勃。郎瑛《七修类稿》卷三说:"万物齐乎巽,物至此时,皆以洁齐而清明矣。"古人在农事实践中摸索出春天气候的变化规律,每年季春(春季最后一个月),天气转暖,雨量较多,我国大部分地区草木萌发,正是春耕播种的大好时节。因此,清明节气反映的是春暖草醒、万物待发的自然物候现象。我国古代曾将清明至谷雨的十五天分为三候,每五天为一候。《玉烛宝典》卷三说:《周书时训》曰,清明之日桐始华,又五日田鼠化为鴽,又五日虹始见。桐不始华,岁有大寒;田鼠不化,国多贪残;虹不始见,妇人苞乱。"那是古人对清明节的气候、物候现象的三种浪漫传说:桐花开放,田鼠隐匿,彩虹现身。这些物候还有占岁功能,如果清明桐花不盛开、田鼠不化身为鸟、彩虹无影无踪,那么就会给岁收和国家带来不祥之兆。

　　二、农谚

　　由于清明与农业生产密切相关,因此,民间流传了很多关于清明物候、农事的农谚或者农俗。农谚是劳动者在漫长的观察与实践中总结出来的生产经验。因此农谚对农事具有较强的指导和工具意义。清明是农事启动的开端,清明节气的温度、湿度,对往后农事环节具有很大的影响,农民要从这个节气开始,对整年的生产活动进行科学有序的安排。一般而言,农谚对天气的关注主要是有无雨水,因为晴雨旱涝是农事环节中的决定性因素。因此,与清明相关的农谚一般都与农事实践、天气预报、预占年岁等有关。

首先,一到清明春耕播种就要开始了,因此存在大量催农事以及关于挑种、施肥等实际操作的农谚。"清明前后,点瓜种豆";"植树造林,莫过清明";"清明谷雨紧相连,浸种春耕莫迟延";"清明不上粪,越长越短劲";"麦吃两年土,只怕清明饿了肚";"春分早,谷雨迟,清明种棉正当时";"寒食撒花,谷雨种瓜";"清明高粱谷雨花"(棉);"清明高粱谷雨谷,立夏芝麻小

◎ 插秧

◎ 春雨贵如油

◎ 春牛

满黍";"清明前五天不早,清明后五天不晚"(高粱);"大麻种在清明前,叶大皮厚又耐旱";"三月八,点南瓜";"过了三月三,南瓜葫芦地里钻";"清明种瓜,立夏开花。清明种瓜,船装车拉";"祭罢祖,就种瓜";"清明后,谷雨前,十有八九保安全";"清明谷雨紧相连,南坡北洼快种棉";"清明花,大车拉;谷雨花,大把抓;小满花,不归家"。

其次,农谚对清明天气、物候的关注。"清明前后怕晚霜,天晴无风要提防";"麦怕清明霜,谷怕老来雨";"寒食莫欢喜,还有十天半月冷天气";"清明雨渐增,天天好刮风","三月三,没老鸹";"春分后,清明前,满山杏花开不完";"清明暖,寒露寒";"清明有霜梅雨少";"清明无雨旱黄梅,清明有雨水黄梅"。

最后,通过观察清明前后的天气,对农作物的生长进行预测,或者对年岁进行预言式总结。"麦怕清明霜,谷要秋来旱";"清明动南风,今年好收成";"清明前后一场雨,强如秀才中了举";"雨淋坟头钱,春苗出齐全";"清明有雨春苗壮,小满有雨麦头齐";"清明前后雨纷纷,麦子一定好收成";"清明湿了乌鸦毛,今年麦子水里捞","清明有雨麦苗肥,谷雨有雨好种棉";"清明喂个饱,瘦苗能转好";"清明到,麦苗喝足又吃饱";"淋透扫墓人,耕地不用问"。这些谚语大都强调了"清明风"和"清明雨"对庄稼的好处。

三、农俗

中国传统社会的经济生活主要是"男耕女织"的模式。畜力是传统农业不可或缺的得力助手,农人在驯服动物的过程中,也与他们结下了深厚的感情。牛在农事活动中占有非常重要的地位,清明节很多地方有"饭牛"的习俗。在古代汉语中,"饭"也可以为动词,意思就是饲养、喂养。"饭牛",就是给牛饭吃。历史上很多贤人都从事过养牛的工作,如百里傒、宁戚在发达前都喂过牛。虽则对于先贤而言,"饭牛"是个不足以得申其才的小工作,但是民俗"饭牛"却反映了人对动物伙伴兼工作助手的感情。如山东等地的农家在清明这天要煮上一锅小米干饭或者高粱米、豆子饭,让牛饱餐一顿,长清一带的"饭牛",除了好饭,还要熬一锅菠菜汤给牲口喝。另外,清明当

◎ 牛是农家宝

○ 春风得意（山东莱州剪纸）

日，所有牛都不使役，也不准打骂。有的地方还遵古法，在牛额头涂上红粉，以示吉利和喜爱。因为，清明伊始，就意味着艰苦的春耕要开始了，得让作为生产力的牲口好好整修一下。

蚕桑也是重要的农业活动。《齐民要术》卷五引东汉后期崔寔《四民月令》有曰："三月清明节，令蚕妾治蚕室。"也就是说清明节气正是养蚕的最佳时节。 与清明相关的农俗非常有趣。在中国东南部的浙江桐乡一直有"清明大如年"的说法。桐乡素有蚕乡之称。蚕被蚕农视为命脉，因此，蚕事开始的清明节气也就分外重要。

桐乡清明节的前一天晚上称"清明夜"，蚕农将这夜看成与除夕夜一样重要，"清明夜"的主要活动有吃清明夜饭、占岁、贴门神襄白虎等。为了蚕事的顺利进行，清明夜饭有几样菜是必不可少的，如芽蚕豆、糯米藕、马兰头、炒螺蛳、清明圆子等。这些菜点的备置与蚕事讨口彩有关：如芽蚕豆是蚕豆发出来的，吃了它将来养蚕就"兴发"；藕丝很长，吃了它蚕茧的丝头就长；马兰头能醒目明脑，蚕娘吃了眼力好；清明时节螺蛳肉最为肥美，俗语"清明螺蛳赛过鹅"，吃螺蛳称为"桃青"，因旧时病蚕称"青娘"，而清明夜"桃青"就可以消除蚕病。清光绪《桐乡县志》记清明夜"食螺蛳，名桃青，盖病蚕谓之青娘，故云"。"桃青"后，定要将螺蛳壳撒到屋顶上。据说这有两个作用，一是螺蛳壳发出响声，可以吓跑蚕宝

宝的天敌老鼠；二是螺蛳壳撒在屋顶上，可以将对蚕宝宝有害的瓦剌虫引入壳内消灭。清明圆子做成茧子状的长腰圆形，分为青白两种，青的代表桑叶长得青青绿绿，白的代表雪白的茧子。旧时，桐乡人们吃过清明夜饭之后还有"听声卜蚕"的占岁习俗，就是在铁锅中放满水，取来汤罐盖浮于锅中，再将灶山上的灶神马幛置于汤罐盖之上，由主人用手拨一下汤罐盖，任其在水上转动，待其停止后，顺着灶神马幛之头所指方向走出门去，根据在野外听到的声音占卜蚕食丰歉。如听到汪汪（旺旺）狗叫声，则预示今年蚕事兴旺；若听到咩咩（没没）羊叫声，即预示今年蚕不佳。民间认为，白虎是养蚕的大敌，《湖州府志》记道："清明晚，则育蚕之家设祭以祥白虎，门前用石灰画弯弓之状，盖祛禳祟也。"通过画弯弓、贴门神来祛禳，祈求蚕业丰收。

　　在蚕桑生产过程中，蚕农形成了了独特的信仰崇拜。如祭祀蚕神、过蚕花生日、烧田蚕、焐蚕花、望蚕信、点蚕花灯等。浙江地区的"轧蚕花"庙会活动规模尤盛。蚕花是一种用彩纸或绸绢剪扎成的花朵，请一朵蚕花带回家中，在养蚕时插在蚕室的蚕台上，寄寓了桑农蚕娘祈求蚕事顺利的美好愿望。所谓"轧蚕花"庙会，就是蚕农们为了祈福而举行的一项蚕事风俗活动。比如，浙江含山的蚕农每当清明节这天，方圆百里的百姓都要背着蚕种包，头插蚕花，去蚕神庙祭拜马头娘娘。

◎ 蚕女（选自《三教源流搜神大全》）

马头娘娘，也叫"马鸣王"，蚕神与马的形象结合最早见《山海经·海外北经》，有曰："欧丝之野在大踵东，一女子跪据树欧丝，三桑无枝，在欧丝东，其木长百仞，无枝。范陵方三百里，在三桑东，洲环其下。"郭璞注云："言噉桑而吐丝，盖蚕类也。"（《荀子·赋篇》）云，蚕乃"身女好而头马首者"。东晋干宝的《搜神记》卷十四则较为完整地记录了女子化蚕的故事，说是上古时有女子牵挂外出远征没有消息的父亲，便对家里的马戏言，如果马能迎回父亲她便下嫁，结果有灵性的马果然接回了女子的父亲，并因女子食言而狂跃不已，女子的父亲便杀死马，将马皮放在庭中。一日女子戏踢马皮，马皮突然卷起女子而去，父亲久寻不着，终于只能在大树枝上看到化身为蚕的女儿。这个故事讹变为很多版本，如《太平广记》也有类似故事。杭嘉湖一带传说蚕花娘娘是由一个桑园姑娘变成的，只不过故事变成了姑娘的母亲食言，未将姑娘嫁给对姑娘有救命之恩的白马，还恩将仇报射死了白马。总之，这些传说都可以看到"蚕女"的原型。

每年清明节，浙江含山都要举行江南最大的"轧蚕花"庙会，含山轧蚕花庙会十分热闹，分为清明、二清明（清明第二天）三清明（清明第三天），一直要闹到清明第六天才罢休。相传蚕花娘娘会在每年的清明节化身为村姑踏遍含山，在山上留下"蚕气"。因此蚕农要在清明期间上含山踏青、轧蚕花、祭蚕神、购蚕花、祈蚕

○ 下蚕（选自《便民图纂》）

利、轧闹猛(吴方言凑热闹之意)，蚕农相信这样便能将喜气带回去，同时也能得到蚕花"廿四分"(蚕事俗语中双倍好收成之意)。"轧蚕花"讲究的就是"轧"，(吴方言热闹、拥挤之意)，人越多越好越旺，特别是较为年轻的未婚蚕娘，尽是往人多闹猛的地方穿梭，取其口彩："轧发轧发，越轧越发。"据说，在庙会上，如果年轻蚕娘被陌生男性摸到胸部，也是比较吉利的事情。浙江乌镇地区的蚕娘在蚕神庙里烧过香之后，还要到土地庙前面的水潭里洗手，俗称"洗蚕花手"，据说洗完手后，蚕事更为顺利。江苏无锡蚕农还有请"蚕猫"的风俗。所谓"蚕猫"是一种猫状泥偶，是用泥做成坐姿家猫形状，泥猫外表涂上白石灰，再用彩笔画成花猫。蚕猫买来后，先放在灶山上，等到养蚕时再放到蚕房内，以吓退蚕的天敌老鼠。

从上述描述中，可以看出，清明"轧蚕花"庙会明显有着上巳节的残馀痕迹。乌镇有民谣道："三月三，庙门开，乡下蚕娘出门槛，东亦逛、西亦颠，轧朵蚕花回家来。"在中国文化中，蚕本身就与女性有着不解之缘。在上古时代，与蚕联系的文化事相则是"桑林野合"的生育礼俗。《诗经·鄘风·桑中》中也有"期我乎桑中"的男女幽会描写。"在上古时期，桑林是从事宗教活动的重要场所。人们在桑林中从事的宗教活动主要是祈雨和野合，这种活动作为一种礼俗在历史上延续了很长一段时间……于春天在桑林中男女自由性交的生育礼俗，当有招致老天爷云雨的巫术含义。桑林之

会作为一种生育礼俗,在古代曾经十分流行"(孙其刚《嫘祖养蚕和蚕桑的宗教意义》)。因此,清明时节的蚕花庙会民俗可以被视为是农事信仰与生殖崇拜的结合。

四、清明节气与清明节俗

唐以前,清明还只是一个节气,唐以后,清明才成为节日。节气与节俗虽然有一定的关系,但是仍然有很大区别。节气是注重物候变化、时令顺序的标志,主要为了实际的生产劳动服务,而节日则包含着一定的文化心理、风俗活动和某种仪式纪念。但是清明节气在时间和天气、物候等特征与文化心理的形成上为后来出现的清明节俗提供了重要条件,特别对自然的关注和亲近,与上古上巳的游艺相呼应,成为后来清明节"踏春"的重要前提。

因此,作为节气的清明主要是农事实践中物候观察的感性体验。清明时节风和日丽,树绿草青花黄,充满生机,人们往往乘这大好春光到野外去踏青郊游。它表现出农业社会中,人与自然之间割不断的血

○ 喂蚕（选自《便民图纂》）

缘关系。对桃红柳绿、芽萌叶展的感官关注直接引发了民众叩访自然的集体活动——踏青。春天自然界的苏醒与生命个体的舒展、欣喜有着季节的暗合。在万里春光中,人类对自然的诗兴体验,虽然部分来源于农人的实践生产经验,但是更多仿佛来自人类对大自然的一种本能依赖。

◆　三、寒食:断火与祭祀　◆

今人说到清明,都会想起"欲断魂"的主要习俗内容——扫墓。然而在汉魏时期,墓祭活动主要是由另一个重要节日——寒食节承担的。

寒食节,又称冷节、禁烟节等。寒食节之所以叫这个名称,是说寒食节那天,大家都不动烟火,只吃事先预备好的食品,那自然是冷的,而且那天还有纪念亡者的仪式。《荆楚岁时记》云:"去冬节一百五日,即有疾风甚雨,谓之寒食。"一般而言,寒食节就在清明前两日或一日,也就是在冬至后的一百零五日,因此山西吕梁地区称寒食节为"一百五"。

据记载,寒食习俗最早出现在两汉的太原一带,也就是说寒食节的起源、发展以及后来在唐代时寒食的鼎盛,均与山西的地域因素有着密不可分的关系,因此,山西可以被视为现代清明的文化原

逻辑起点。寒食节的解释主要有着以下几种说法：介子推说、星辰信仰说、森林防火说、改火说。

一、介子推说

"子推焚，寒食立"，寒食节纪念介子推是关于寒食节起源最早的也是最广为人知的故事。介子推故事最早见《左传·僖公二十四年》的记载，但没有记其被火焚之事。介子推遭火焚事最早见《庄子·盗跖篇》："文公后背之，子推怒而去，抱木而燔死。"

◎ 绵山

其次见西汉刘向的《新序·节士》："文公待之，（子推）不肯出，求之不能得，以谓焚其山宜出，及焚其山，遂不出而焚死。"此事还见于东汉蔡邕的《琴操》，但该书记载介子推的忌日为五月初五。杜公瞻注《荆楚岁时记》时即说："云五月五日，与今有异，皆因流俗所传。"《艺文类聚》卷三引桓谭《新论》曰："太原郡民，以隆冬不火食五日，

○ 绵山

虽有病缓急,犹不敢犯,为介之推故也。"范晔《后汉书》、陆翙《邺中记》、贾思勰《齐民要术》、周密《癸辛杂识》、陈元靓《岁时广记》等均有寒食为纪念介子推的记载。叙述最为详尽的应是《东周列国志》第三十七回《介子推守志焚绵上》。

介子推与寒食节的关系完整版本如下:相传春秋战国时代,晋献公的妃子骊姬为了让自己的儿子奚齐继位,诬太子申生,申生被逼自杀。申生的弟弟重耳,为了躲避祸害,去国流亡。在流亡期间,重耳受尽了屈辱。跟他一道出奔的臣子中,有一位就是介子推。有一次,重耳饿晕了过去,介子推为了救重耳,从自己大腿上割下了一块肉,用火烤熟了送给重耳吃。十九年后,重耳回国做了君主,成为春秋五霸之一的晋文公。他大赏功臣,而独独忘记了子推。后来晋文公看见子推留下的《龙蛇歌》,其词曰:"有龙矫矫,顷失其所;五蛇从之,周偏天下。龙饥无食,一蛇割股;龙返于渊,安其壤土。四蛇入穴,皆有处所;一蛇无穴,号于中野。"(据《乐府诗集》卷五十七)文公览毕,急忙派人往召子推,但子推已经背着母亲隐居于绵上深谷之中。文公亲往绵山访求子推,然而山深树茅,数日不得。文公听说子推非常孝顺,就想出个举火焚林逼子推出山的主意。于是山前山后,周围放火,火烈风猛,延烧数里,三日方息。子推终不肯出,子母相抱,被烧死于枯柳之下。文公见其骸骨,为之流涕,命葬于绵山之下,立祠祀之。环山一境之田,皆作祠田，使农夫掌其岁祀。并且改绵山为介山（即今山西介休绵山），后世于绵上立县，谓之"介休"，言介子推休息于此也。焚林之日，正是四月五日清明之候。国人思慕子推的忠廉，因为介子推死于火，不忍举火，为之冷食一月，后渐减至三日，至今太原、上党、西河、雁门各处，每岁冬至后一百五日，预作干粮，以冷水食之，谓之"禁火"，亦曰"禁烟"。因以清明前一日为寒食节，当日家家插柳于门，以招子推之魂。或设野祭，焚纸钱，皆因介子推的缘故。今日山西绵山仍遍布了传说中介子推当年留下的遗迹，如栖贤谷、哀号坡、介公墓、足下亭等，这些使得山西绵山成为忠孝文化、祭扫文化的发源地。

北方的三月还比较冷，不生火而且吃冷食，确实有点不合情理。早有古人提出这种隆冬寒食的习俗对民生的危害。曹操曾经严禁寒食，《玉烛宝典》卷二引其《明罚令》云："闻太原、上党、西河、雁门冬至后一百有五日皆绝火寒食，云为介子推。夫子推，晋之下士，无高世之德。子胥以直亮沉水，吴人未有绝水之事，至于子推独为寒食，岂不偏乎？云有废者，乃致雹雪之

○ 介子推像

◎ 绵山介公岭

灾,不复顾不寒食乡亦有之也。汉武时京师雹如马头,宁当坐不寒
食乎?且北方沍寒之地,老小羸弱,将有不堪之患。令书到,民一
不得寒食,若有犯者,家长半岁刑,主吏百日刑,令长夺俸一月。"
曹操认为在北地寒食就是一个有损民生的迷信和陋习。他的论据
非常犀利:子胥投水自杀,吴人也没有不喝水啊,那为什么独为介
子推断火呢?而且怎么解释寒食和不寒食的地方都下冰雹呢?

其实早在汉朝,寒食风俗就遭到并州刺史周举的禁毁。《后汉
书·周举传》记道:"太原一郡,旧俗以介子推焚骸,有龙忌之禁。
至其亡月,咸言神灵不乐举火,由是士民每冬中辄一月寒食,莫敢
烟爨,老少不堪,岁多死者。举既到州,乃作吊书以置于子推之庙,
言盛冬去火,残损民命,非贤者之意。以宣示愚民,使还温食。于
是众惑稍解,风俗颇革。"后赵石勒、北魏孝文帝均禁过寒食。

这里出现了一个有趣的现象,既然寒食禁火风俗对百姓的生
活具有负面影响,并且也被官方屡禁,为什么寒食节还能流行并且
普及传播开来呢?根据《荆楚岁时记》中的有关寒食记载,可以看
到,至少在六世纪时,伴随着大量移民南迁,寒食节俗已经从北方
的山西扩散到荆楚一带。这应该与社会普遍存在的神灵信仰有关,
如《文献通考》卷三百零五记录,石勒禁寒食以后发生了一次雹
灾,"雹起西河介山,大如鸡子,平地三尺,洿下丈馀,行人禽兽死
者万数,历太原、乐平、武乡、赵郡、广平、钜鹿千馀里,树木摧折,

◎ 绵山抱腹岩

禾稼荡然"。于是石勒咨询中书令徐光,徐光说,这场雹灾主要是因为石勒去年禁止寒食引起的神怒。他认为介子推是帝乡的神灵,历代百姓都以寒食的方式来纪念他。介山一带是晋文公给子推的封田,还是应该任由百姓来奉祀为好。黄门郎韦謏虽然不同意徐光的神怒说,因为这无法解释介子推之前的雹灾,但是他的论点也是当时古代流行的阴阳顺逆说,认为"此自阴阳乖错所为耳"。无论何种观点,结果都是人们对天象异数的恐惧而重新恢复寒食,只是由于意识到寒食俗信与现实民生的冲突,寒食节的时间逐渐趋向理性的缩短。由此,我们可以看到,虽然屡有官方的严厉禁止,但是俗信却是在世俗权力之外的另一种重要约束力量,而且从某种意义而言,俗信甚至比官方干预的规范力量以及现实生存问题还要持久强大。这种俗信的心理维持力量,来自于人类进化过程中形成的鬼神禁忌心理,来自原始信仰和原始崇拜。在两汉时期普遍存在着天人感应、鬼神禁忌与天象崇拜。人们往往将各种异常的自然现象或者灾难性的事件与人事相联系,并赋予他们之间各种非理性的因果关系。这也许是寒食风俗在古代社会兴盛的重要社会心理因素。

关于介子推是否是寒食节的真正起源,古今大多数学者多持质疑之声。他们多认为虽然介子推的故事在民间的传承过程有着强烈的情感共鸣,但是割股火焚毕竟不见正史记载。如杜公瞻注

《荆楚岁时记》说："据《左传》及《史记》并无介推被焚之事。"顾炎武在《日知录集释》卷二十五中也说："当以左氏为据,割股燔山,理之所无,皆不可信。"因此,以大传统为主要治学依据的学者多认为,介子推与寒食节之间的关联是民间美好愿望的一种附会。

而法国学者侯思孟、我国当代学者李道和、张勃等则认为不能因为史家的存疑而轻易否定介子推与寒食节之间的关系。如张勃认为史学界的研究范式向来以正史作为惟一的社会事实依据,这个方法论本身就存在着疑问,如果从民俗主体的神灵信仰禁忌出发,通过考证介子推传说层层丰富的过程,寒食是禁火的必然后果,同时也是民间将介子推神话化并加以哀悼的一种方式(参见张勃《寒食节起源新论》)。

李亦园先生则将介子推是否为寒食节真正起源这个问题悬置起来,从结构主义人类学的角度来考察介子推传说与寒食节禁火仪式之间的关系。他认为介子推的传说与寒食节的仪式之间存在着思维方式的一致性:在寒食节的"禁火—取火"这一对仪式对比,"介子推—晋文公"这一对人格对比上,都体现了初民一种二元对立的哲学观。禁火意味着不用火煮,点火意味着用火煮,即"生"与"熟"的一对象征动作。前者象征着人类经历过的茹毛饮血的食物匮乏时代,后者象征着人类进入食物丰盛的文明时代。这是结构主义人类学提出的寒食仪式中"生"与"熟"的对比体现

○ 介公祠悬塑

出的"自然—文化"的对比。而介子推与晋文公也构成一对"自然—文化"的人格对比结构：介之推割股效忠晋文公，是一种超乎常情的行为，属于"高估的人际关系"，反之，晋文公复国后，不但没有报答介之推，反而放火把他烧死，这也是超出常情的举动，属于"低估的人际关系"。前者象征着人类脱离兽界呈现出来的伦理道德的一面，属于文化的表现；后者则象征了人类本能中性恶的一面，属于自然的表现。正因为介子推传说中体现的"自然—文化"的二元对立，与寒食节仪式之间的"自然—文化"的二元对立相互印证，于是介子推的故事被先民选择出来成为寒食节的传说起源。(参见李亦园《寒食与介子推》)

二、星辰信仰说

很有学者认为从上古时候起就存在的火禁是寒食节的起源。如，杜公瞻注《荆楚岁时记》就说："禁火盖周之旧制也。"根据《周礼·秋官司寇下》记载"司烜氏，掌以夫遂取明火于日……中春以木铎修火禁于国中"，司烜氏是周代掌管禁火与取火的官职，在仲春时分，他摇着木铎提醒国人禁火。到了季春，国人再重新取火。

周代为什么要在仲春修火禁呢？

传统的解释之一为星象禁火说。张萱《疑耀》卷五说："龙星，木之位也，春属东方，心为大火，惧火盛，故禁火。"又，王钦若在《册府元龟》卷六百八十九中也注明星象禁火才是介子推传说的真实原因："龙，皇木之谓也，春见东方，心为火之盛，故谓之禁火。"古人将周天恒星分成二十八星宿，"龙星"是位于东方青龙宫的角、亢二星，他们在五行中居于"木"位。先秦时期，古人出于星象迷信与感应巫术，认为春季龙星在东方，易引起大火。所以在三月龙星初现之时，大家只要禁火就能防止火灾发生。因此，相关学者认为禁火最初来自于人们对于星象的信仰和对天灾的恐惧。既然禁火期间不能生火做饭，那就得事先准备好食物，即为"寒食"。

　　中外学者意识到早期文献都反映了一个事实，即寒食节最早发生、兴盛于晋地，后来才成为一个流行全国的节日。这是一个值得思索的现象。于是，中外学者试图以"分野说"来解释寒食节与山西的关系。如日本学者中村乔、守屋美都雄对《荆楚岁时记》的版本进行了考证，对寒食研究中的地域性因素进行了研究。守屋美都雄更依据罗泌《路史》卷三十二中"魏晋之俗尤所重者，辰为商星，实祀大火"之说，提出"分野说"和寒食节之间的关系，更引出了"山西的原逻辑"这一重要论点。

　　战国末期出现的"分野说"，是一种将天上的星辰与地上某一区域相互对应的学说。据《左传·昭公元年》记载的传说，昔高辛氏有二子相仇，后化为参商二星。古人认为，参星与商星，是永远不见面的两个星辰，因此，古人常用"参商"永世分隔的现象来感喟人生的离别之苦，如杜甫《赠卫八处士》诗云："人生不相见，动

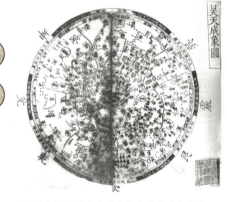

◎ 昊天成象图（选自《中国古代地图集》）

如参与商。"

　　同时，"参商"也象征着兄弟相仇。而参星的分野即为晋地。也就是说，晋地对应天上的参星。与参星相对立的是商星，商星即大火星，既然参星为晋之守护星，又与大火星有互不相容的关系，所以，在大火星发生变动的时候，晋地的人做出的反应，是与其他地区有所不同的。换言之，晋人的"惧火之盛"的心理，要远远盛于其他地区。这正是"山西的原逻辑"最根本的要点所在。也就是说，晋地之所以特重寒食，是因为参星分野对商星变化引发的文化现象。

　　根据日本学者的研究，刘晓峰先生将山西的"原逻辑"概括为三个方面："第一，参星为'水神'。参商相仇，商为火，俗言'水火不相容'，以火之仇的参星为水神逻辑上是通的。而且在文献上，以晋侯、子推为风雨之神，也可以找到很多例证。第二，'物不两大'。这是古人非常重要的逻辑观念。正是按照这一观念，当大火星的'火'变盛的季节，出于对参星的信仰，晋人'惧火之盛'而断火寒食。因为按照古人的天人感应的观念，只要此界的'火'断了、小了，彼界，即天上的水神参星的力量就会得到补强。第三，长期以来山西人认为，如果这一源出于参星崇拜的断火寒食行为不能得到严格坚守，那么就会导致'雪霜风雨之不时'，导致'疾风甚雨'。" 最后，他总结说："考虑到唐代以前有关寒食的记载多出于山西地区，我们有理由指出，以星辰信仰为核心的'山西的原逻辑'，即山西省的地域因素，和介子推传说、古代断火改火的习俗等一样，是寒食节得以成立的一个重要因素。"（《寒食与山西》）

"分野说"不仅仅能解释寒食节兴于山西的空间现象，而且也能解释寒食节为何在唐代达到兴盛的时间问题。刘晓峰认为，唐王室独尊寒食节的原因和唐朝对"参星崇拜"有关。他认为，首先，李氏唐朝的龙兴之地是太原。其二、做为其起兵的契机的晋祠祈雨，实即与介子推有相当关系（太原郡一带子推为风雨之神），其三、其入关前三万骨干部队，皆募于太原地区。而古来山西重视寒食就与李唐王朝和太原、介祠间的诸种因缘有关系。最为重要的是，依《春秋大全·诸国兴废说》记载，"参之分野，谓之大原，亦曰晋阳"，即为"唐"地。因此，参星被李唐看成是自己的守护星辰。

三、森林防火说

现代学者李晨光从公共安全

◎ 山西镇总图（选自《中国古代地图集》）

角度直接提出,"禁火"本不是风俗,而是一项重要的国家公共安全制度。简单说,禁火是为了森林防火。从周朝起,二月禁火已是法定的制度,因为仲春二月,雨水极少,草木干枯,此时最易招致森林火灾。公元前的古人已经意识到森林是重要的人类资源和国家财富,并且有了专门司职保护森林资源的官职与相应的政令。如《周礼·地官司徒》有曰:"山虞,掌山林之政令,物为之厉而为之守禁。仲冬斩阳木,仲夏斩阴木……令万民时斩材,有期日……窃木者,有刑罚。""林衡,掌巡林麓之政令而平其守,以时计林麓而赏罚之。若斩木材,则受法于山虞,而掌其政令。"《礼记·月令》也特别强调在仲春之月,"毋竭川泽,毋漉陂池,毋焚山林"。《春秋繁露》卷十六云:"无伐名木,无斩山林。"从这些文字中可以看出,古人的环保意识一点也不比今人逊色,他们从需求平衡的角度出发,对森林资源进行开发与利用,滥伐偷伐也会受到法律的制裁。然而在古代社会,森林最大的危险就是火灾,为了预防干旱季节的森林火灾,就形成漫长的禁火制度,人们也只有预先准备大量的熟食才能度过。当然,随着周天子威望式微,虞衡制和禁火制也受到冲击。再后因寒食一月不堪忍受而改为三日,三日不堪又减为一日,这也许就是今日"寒食"的演变史。寒食禁火如果果真是起源于一项保护国家公共资源安全的制度,那么时间上一定远在晋文公时期之前就已经确定了。

四、改火说

唐代的李涪是较早提出寒食起源于古老的改火风俗这种说法的人，他明确提出，寒食禁火就源于古代的改火风俗。在《刊误》卷上他提到："《论语》曰：'钻燧改火。'春榆夏枣秋柞冬槐，则是四时皆改其火。自秦以降，渐至简易，惟以春是一岁之首，止一钻燧，而适当改火之时，是为寒食节之后。既曰就新，即去其旧。今人持新火曰'勿与旧火相见'，即其事也。"从这段话中可以知道，古人对"火"的使用极为慎重，讲究不同的季节用不同来源的火。罗泌《路史》卷三十二有云："顺天者存，逆天者亡，是必然之理也。……昔者燧人氏作观乾象、察辰心而出火，作钻燧，别五木以改火，岂惟惠民哉，以顺天也。"他是将火星禁忌与改火之俗结合起来。

改火是一种曾经在全世界范围内流行的习俗。火是人类文明最重要的催化剂，如果没有火的话，很难理解人类是怎么一步步进入文明的，

○ 火神（选自《全像中国三百神》）

但是火也象征着野性难驯的自然力量。因此，人类对火又爱又怕，我国古代即有改火之俗，自周朝起设有司爟专司取火，《周礼·夏官司马》云："司爟，掌行火之政令，四时变国火，以救时疾。"《管子》、《论语》中均有"易火"、"取火"之说。改火习俗反映了初民对火的神化和敬畏，古人认为老火性烈，而新火性柔，重新取得新火就能"去兹毒"、"寿民"、"去时疾"，因此，取新火不仅是一件顺应天意的事，同时对国家民生也是有益而必要的事。古时改火还选用具有换季标志的木材取火：春取榆柳之火，夏取枣杏之火，季夏取桑柘之火，秋取柞楢之火，冬取槐檀之火。因为从古人天人相感的思维看来，这些树木是季节变换的标志，用新木取新火，性质一致，就能祛除时疾。先秦时代改火习俗非常盛行，改火之制到了东汉时期开始式微，直到隋代，又开始恢复改火旧俗。《隋书·王劭传》载王劭上书皇帝说："臣谨案《周官》，四时变火，以救时疾。明火不数变，时疾必兴。圣人作法，岂徒然也。……新火、旧火理应有异。伏愿远遵先圣，于五时取五木以变火，用功甚少，救益方大。……不可不依古法。"既然搬出了周天子时候的规矩，皇上自然觉得有道理，于是改火之俗复兴。

唐代的改火风俗不再依周制四时改火，而是一年一度举行。就近借助了本已深入人心的寒食节禁火习俗，在寒食后的清明进行取新火仪式。而且，与先秦相较，唐朝取新火的活动又增加了

○ 寒食（选自《七言千家诗》）

一项新的活动，即皇家在清明时节取榆柳之火恩赐近臣，就是唐诗中屡屡出现的"赐新火"——一种世俗权力的仪式表演。江少虞《宋朝事实类苑》卷三十二有云："周礼，四时变国火，谓春取榆柳之火，夏取枣杏之火……而唐时惟清明取槐柳之火以赐近臣戚里。本朝因之，惟赐辅臣、戚里、帅臣、节察三司使、知开封府、枢密直学士、中使，皆得厚赐，非常赐例也。"赐新火的活动在中唐时期进入高峰。这场关于火的"取"、"接"仪式近乎一场全景戏剧，整个戏剧的幕布背景是政治、经济、文化都如日中天的盛唐，主角是皇家和精英官员，配角就是倾城观看的皇城百姓。这场戏剧的每个细节都是值得记忆的奢华与诗意。清明当日，宫廷中要钻燧取新火，《岁时广记》卷十七引李绰《辇下岁时记》云："长安每岁清明，内园官小儿于殿前钻火，先得上进者，赐绢三疋，金碗一口。"然后，皇帝将取来的新火分赐给挑选过的近臣戚里，以示恩宠。从宫中传出新火的这一过程，乃是全皇城人翘首以盼的盛事，这个激动人心的仪式，绝不亚于今日的传奥运圣火。唐人谢观作《清明日恩赐百官新火赋》，从中可见其盛况："平明而钻燧献入，匍匐而当轩奏毕。初焰犹短，新烟未密。我后乃降睿旨，兹锡有秩。中人俯偻以耸听，蜡炬分行而对出。炎炎就列，布皇明于此时；赫赫遥临，遇恩光于是日。观夫电落天阙，虹排内垣。乍历闱琐，初辞渥恩。振香炉以朱喷，和晓日而焰翻。出禁署而萤分九陌，入人寰而星落千门。"在诗人的笔下亦有描述,韦庄《长安清明》诗云:"内官初赐清明火,上相闲分白打钱。"韩翃《韩食》诗云"日暮汉宫传蜡烛,轻烟散入五侯家。"皇家用蜡烛赐近臣,以为新火,直到宋代仍然流行,欧阳修《清明赐新火》诗云:"鱼钥侵晨放九门,天街一骑走红尘。桐花应候催佳节,榆火推恩忝侍臣。多病正愁饧粥冷,清香但爱蜡烟新。自怜惯识金莲烛,翰苑曾经七见春。"同时,因为唐宋皇家对清明取新火的推崇,也使得民间取新火更为普及,刘长卿《清明后登城眺望》诗云:"百花如旧日,万井出新烟。"杜甫《清明二首》诗云:"旅雁上云归紫塞,家人钻火用青枫。"民间取火习俗之盛可见一斑。

从隋唐起,寒食节进入鼎盛时期,它从一个兴起于太原地区的地方节俗逐渐成为全国性的节日。届时,"四海同寒食,千秋为一人"(卢象《寒食》),民间禁火,皇宫禁烟,士庶展墓,皇家祭陵。宋代也承袭了重寒食之风。但是到了元以降,寒食节渐渐衰落,及至明清,则仅存寒食之名了。

◆ 四、清明节的正式形成 ◆

由此,我们知道清明是一个多源合流的复合型节日,它在文化源头、空间与时间上经历了复杂的历史演变。

　　从文化源头上考察,清明节的源头至少有上巳、清明(节气)与寒食三种。唐代之前,寒食、上巳和清明节气是时间、主题不同的节日(节气)。如前所述,起源于周朝的上巳,作为一个独立的节俗,到了宋代逐渐式微。但是其春日踏青、游玩的内容却融入后世的清明节俗中。源于春秋时代的"清明"节气不但为后来的"清明"节俗贡献了名字,它对物候的关注也成为清明节俗自然诗意的文化渊薮。而最早出现在两汉时候、太原一带的地区性节俗的寒食节,禁火、祭祀的节俗内容更是清明节的重要基础。正是因为这三种文化源头,今日的清明节才具有了踏青、扫墓和农忙前动员的综合内容。

　　我们再从空间上回顾一下清明节的形成轨迹。各种典籍都表明,山西晋地与清明节的关系非常密切,上巳与清明节气的起源点只能笼统地得知在黄河流域,但是作为清明节俗中最重要、最基础的寒食节则具体起源于晋地。"介子推说"、"分野说"都将晋地视为寒食节的"原逻辑"起点。历史典籍显示,两汉时期,流行于晋地的寒食节,到了南朝时,已经扩散到了荆楚地区,变成了全国性的一般风俗。

　　关于清明节俗的正式形成时间,现在一般认为,唐代是重要的时间节点。唐代清明节的正式形成,大致可以表述为以下三个历

◦ 仕女游归图（明·无款）

程：

首先，清明节在唐代的正式形成要归于官方对寒食节扫墓的正式认同。在唐之前，不见将清明当成独立节俗的文献典籍。清人毛奇龄《辨定祭礼通俗谱》卷二说："太初以前，清明未显，焉得有清明上墓之事？惟寒食上墓则六朝、初唐早有之，如李山甫、沈佺期寒食诗皆有'九原'、'报亲'诸语，全不始开元二十年之敕。盖寒食上墓前此所有，而开元则始著为令耳。"由此可见，早在清明节正式形成之前,在六朝、初唐时期人们在寒食节进行墓祭的习俗已经非常盛行。唐玄宗开元二十年(732)四月,朝廷首次将流行于民间的寒食扫墓习俗正式定为一个日期固定的仪制。《唐会要》卷二十三记敕文如下:"寒食上墓,礼经无文,代世相传,浸以成俗。士庶既不合庙享,何以用展孝思,宜许上墓,用拜扫礼于茔南门外奠祭,撤馔讫,泣辞,食馀于他所,不得作乐。仍编入礼典,永为常式。"

其次,"寒食通清明"的长假,为清明节独立形成提供了时间。在传统的宗族社会中,回乡祭祀先人是件非常重要的事,很多官员在寒食期间回乡扫墓,因为路途遥远、时间紧凑而耽误公务。因此,到了玄宗开元二十四年(736)时开始,朝廷决定寒食连着清明放假。《唐会要》卷八十二记道:"大历十二年二月十五日敕:自今以后,寒食通清明,休假五日。"日僧圆仁《入唐求法巡礼行记》卷四也记道:"寒食,从前以来准式赐七日假。"这样,寒食清明终于成为唐代假期最长的节日。假期是一个节日正式形成的重要基础。唐代的寒食清明假期之长在众节日中位居第一。长达七天的假期,使得人们有了更宽裕的时间来安排各种活动。至少在唐代,寒食清明节举行禁火、扫墓、郊游三项活动已经基本成为全国性的固定内容。上巳、寒食、清明都是在春季野外进行的节日,因此,唐代的春天是一个属于节日的季节:上巳的生殖狂欢,寒食的郊野墓祭,

◎ 八达春游图（五代·赵嵒）

清明的物候关注，它们的共同焦点都集中在象征着生命轮回嬗递的大自然上。因此，人们在春天微醺的空气中感受着四季的轮回，进行着迎送生命的仪式，以各种物质快乐和游艺活动来彰显生命的价值。由于寒食与清明节气时间上的邻近，加之寒食禁火、清明取火两个仪式之间的衔接，自唐代时起，寒食节自然而然与清明混为一体，即"寒食通清明"。由此，在人们心中，寒食节与清明节逐渐成为可以互相并称的名词。在很多唐诗中，"清明"与"寒食"不分彼此，如陈润《东都所居寒食下作》云："江南寒食早，二月杜鹃鸣。日暖山初绿，春寒雨欲晴。浴蚕当社日，改火待清明。更喜瓜田好，令人忆邵平。"罗衮《清明登奉先城楼》云："四海清平眷旧见，五陵寒食小臣悲。烟销井邑隈楼槛，雪满川原泥酒卮。"而且，从相关文献或者诗文中可以看出，唐代时人们不仅在寒食扫墓，清明节也出现了墓祭习俗。据陈元靓《岁时广记》卷十七引《辇下岁时记》云："清明，都人并在延兴门看人出城洒扫，车马喧阗。"白居易《寒食诗》云："乌啼鹊噪昏乔木，清明寒食谁家哭。"又，《清明日登老君阁望洛城赠韩道士》云："风光烟火清明日，歌哭悲欢城市间。"杜甫《熟食日示宗文宗武》亦云："几年逢熟食，万里逼清明。松柏邙山路,风花白帝城。"邙山是墓地代名词,这里描写的正是清明扫墓的情形。

最后,"烧纸到黄泉"是清明取代寒食的社会心理基础。

为什么从唐代起,寒食墓祭的习俗开始慢慢向清明日挪移了呢?应该说,这和隋唐清明日取"火"有莫大的关系。杨琳认为"清明标志着寒食的结束,热食的开始,是寒食节当中比较重要的一天,这种重要地位是它后来喧宾夺主并以它为名来涵盖寒食节的原因之一"(《中国传统节日文化》)。唐人张籍"寒食家家送纸钱"的诗句表明,在唐代,给亡者送纸钱的习俗已经风行于世。而据王建在《寒食行》中的感慨,"三日无火烧纸钱,纸钱那得到黄泉",能看出唐人大多相信,纸钱只有经过焚烧,才能送到黄泉亲人的手中。因此,能用火焚烧纸钱,应该是越来越多的古人选择清明节扫墓的重要原因。到了宋代,清明已基本上完成了对寒食的替代,除禁火冷食仍为寒食特有的习俗外,清明已承担了很多原属于寒食的节俗功能。从元代起,寒食节俗已经式微,宋无《寒食》诗云:"春寒不禁香篝火,红蜡青烟忆汉宫。"形象地指出,元代时,寒食标志性习俗禁火已经偏废。清人潘荣陛在《帝京岁时纪胜》中基本没有提到寒食节。到了明清时期,上巳、寒食已经基本消亡,他们的一些特征与活动内容逐渐隐入清明节中,春季大节除新年外惟剩下清明。

　　但是,值得注意的是,现在我们所说的清明节,并不是限定在公历 4 月 5 日这个确定的时间点,而是泛指一个时间段。即扫墓不限于清明日那一天,各地不同。如旧时北京人祭扫坟墓,不在清明当天,而在临近清明的"单日"进行。浙江丽水一带则在清明节的前三天和后四天的范围内扫墓,俗称谓"清明朝祖,前三后四"。有些地区在春分后就可以扫墓,台湾的客家人祭祖扫墓的时间更从元宵节过后便开始,日期由每家自定,一直到清明为止。根据坟墓的新旧,扫墓时间也会有些不同。民间认为,三年之内的坟为新坟,民间有"清明前上新坟,清明后上老坟"一说。旧时上海扫墓的传统,对待新旧坟比较讲究,凡是新近过世的,过了七七四十九天而没做过超度法事的,要在清明节这天请僧道诵经做法事或道场。如果是老坟并已做过法事或道场,扫墓时间则可以前后放宽些,但不能超出前七天后八天的范围,俗谓"前七后八,阴司放假",意思是过早或过迟都会失灵。踏青活动更不限于三月三或清明日。人们只是约定俗成用"清明节"指这个时间段及其习俗。全国各地、各族往往根据各自的文化传统在春天这段时间内进行与祭祀踏青有关的活动。这也正好证明了"近世的清明节是古代寒食、清明和上巳的节俗混合而成的一个以上坟祭祖为主,兼及踏青春游的节庆,时间不限于清明那一天"(《中华文化通志·宗教与民俗典》)。上巳与寒食虽然逐渐退出人们的视野,但是蕴含着

上巳狂欢精神与寒食墓祭习
俗的清明节却作为一个民族
的文化符号深深嵌入在人们
的日常生活中。

◎ 祭扫遗体捐献者

◆ 五、清明节的文化价值 ◆

凡有华人处，必有清明之俗。作为中国四大习俗之一的清明
节，具有重要的社会功能与文化价值。简单说，清明节具有社会整
合认同功能以及文化艺术价值。

清明文化蕴含着极富生命力的儒家伦理诉求，这种诉求对促
进社会整合、民族团结具有巨大作用。清明节的源头之一寒食节
曾经遭到东汉周举、三国曹操、后赵石勒、北魏孝文帝等多次禁断，
民国至新中国成立后的"文革"时期，人们对传统文化的认识受
到文化进化论的影响，清明节民俗等传统文化一度濒危。但是清
明节始终是深入民心的民俗，即使在辽、金、元和清代等异族统治
时期，统治者也对清明节俗很重视。因为清明文化的介子推传说
与尊祖传统蕴含了中华民族的重要伦理内容：介之推忠君爱国、
清明廉洁、功成身退的奉献精神，是古代社会伦理准则中"忠"的
典范；香火祭祀、追根念祖的扫墓文化更是儒家"孝"理念的重要

○ 春郊策骑图（明·文嘉）

实践。以"忠孝"为核心的清明文化体现了中华民族的整体文化特征，因此也是家庭团结、社会稳定、民族认同的重要精神符号。发展到现代，清明节也成为缅怀革命先烈、教育青少年的重要形式。同时，每逢清明，港澳台同胞和海外华人都要回乡扫墓祭祖，成为传承中华民族根祖文化，体现民族认同感和凝聚力的重要节日。在当下全球化的背景中，人们更意识到优秀民族文化是民族自觉与自信心的来源。

清明文化的艺术价值也不言而喻。在清明的发展形成过程中，产生了许多艺术作品，如《左传·僖公二十四年》的"介之推不言禄"，就是我国古代散文的典范之作。在元杂剧、明代小说及近代京剧、晋剧中都有许多关于介之推暨寒食节的专门章回和曲目。从东汉以来，关于介之推的传说、故事及碑刻也成为研究三晋民间文学和金石艺术的重要史料。在历代诗词作品中，题咏寒食节的诗词浩如烟海，仅《全唐诗》就收录近三百首,宋代诗词及元曲就更多了,清明寒食咏唱是我国诗词史上的重要母题,春日游艺更是传统绘画中的重要题材。

今天,随着时代的发展,清明的多重文化价值得到了进一步的发掘。各种寓意深刻的食俗文化,以踏青为主题的"旅游黄金周"具有的经济功能,插柳、戴花的人类学意义,蹴鞠、风筝更是体育发生学的研究热点。总之,对清明节民俗的研究仅仅是个开端,随着社会对传统文化关注程度的加大,它的魅力与价值将会与日俱增。

雨润冢草倍思亲：清明悲情

清明三月时，嫩饼夹浒苔。

上山去扫墓，祖先不忘记。

亲堂伯叔共兄弟，相招相邀到墓边。

有的锄杂草，有的添土庀。

有的摆果子，有的插花枝。

有的顺墓牌，有的献纸钱。

叔公互阮讲故事，提人名，说根基。

甚乜朝代创甚乜，顶匀生活真艰苦。

咱要珍惜今阿好日子。

——晋江《清明谣》

　　清明，一个专为过去与记忆保留的日子，一个扫墓的日子，一个长歌当哭的日子。清明时节，无论人们走在乡野累累墓丘间，还是城郊石碑俨然的公墓群中，都能看见红男绿女为先人烧纸钱、挂纸钱、培土修墓，这就是扫墓最基本、最重要的内容。这些仪式是慎终追远、敦亲睦族及行孝的具体表现，我们不能想象一个没有思念的清明节会是什么样子。基于上述意义，清明节成为华人的重要节日，追思祭祖也成为中华民族认同的文化符号之一。

○ 黄帝陵

◆　一、祭祀对象与形式　◆

一、民族远祖公祭

对于中国人而言,祭祀具有特别的意义。对宗族的感恩追思和先人的鬼神化是宗族社会最大的特点。早在夏、商、周三代,人们就极其重视对天、地、祖宗的祭祀之礼,并将其视为国家管理的根本。《春秋左传杜注》卷十三云:"国之大事,在祀与戎。"《国语·鲁语上》云:"夫祀,国之大节也,而节,政之所成也,故慎制祀以为国典。"《礼记·祭统》云:"凡治人之道,莫急于礼。礼有五经,莫重于祭。"当然,祭祀的观念与形式随着各个历史时期的变迁而有所不同。

首先,我们来看一下祭祀的对象。一般说清明扫墓主要纪念的亲人。但是,根据文献记载,最早的祭祀不是以血缘,而是以功德作为标准。据《礼记·祭法》记载:"有虞氏禘黄帝而郊喾,祖颛顼而宗尧;夏后氏亦禘黄帝而郊鲧,祖颛顼而宗禹;殷人禘喾而郊冥,祖契而宗汤;周人禘喾而郊稷,祖义王而宗武王。"郑玄注疏:"有虞氏以上尚德,禘郊祖宗;配用有德者而已。""禘"乃是王室大礼,只有天子才能行禘礼。以"功德"这个标准来看,中华民族的人文始祖黄帝是最应该享受到祭祀的。由于黄帝开创性的业绩,有虞氏和夏后氏都把他视为远祖,并用祭祖之礼的最高规格

○ 黄帝陵祭堂

祭祀他。《史记·五帝本纪》说黄帝"生而神灵,弱而能言,幼而徇齐,长而敦敏,成而聪明"。可见,黄帝天赋异禀,从出生到成长就不是等闲之辈。在部落争霸的战争中,黄帝最终取得了胜利,成为天下共主。据说他垂治期间,划分州野,造屋筑城,制礼兴乐,发明器具,教化百姓,因此,黄帝被誉为华夏的"人文始祖"。另外,黄帝还是传说远古完美社会中圣王中的楷模,他善于战争,而又不穷兵黩武,是一个文武兼精的圣王,于是也成为后世一切治国者的偶像。司马迁也认为,后世五帝以及夏商周诸侯都归本于黄帝,都是炎黄子孙,因此,《史记》开篇《五帝本纪》就始于黄帝。又据司马迁考证,黄帝乘龙化仙而去后,其衣冠冢在桥山。因此,坐落在今陕西省黄陵县的桥山黄帝陵香火最为鼎盛。

在传统社会,黄帝主要被当成治国者的楷模加以崇拜。因此,在古代祭祀黄帝的人主要是治国者。据《史记·封禅书》记载,战国时秦灵公"作吴阳上畤,祭黄帝;作下畤,祭炎帝";又记载汉武帝"乃遂北巡朔方,勒兵十馀万,还祭黄帝冢桥山,释兵须如"。《魏书》也记载了北魏太武帝拓跋焘与北魏文成帝拓跋濬都祭祀过黄帝。唐代宗大历五年(770)黄帝陵庙祭祀正式纳入官方祭典。明洪武四年(1371),太祖朱元璋派人祭祀黄帝,并带上"御制祝文"。清康熙二十一年(1682),圣祖玄烨派官员致祭轩辕黄帝,并亲笔用满文写了一份"御制祝文",后来这篇祝文的满汉两种文字本都刻在石碑上,保存至今。

　　进入近现代,由政府祭拜黄帝陵的传统依然得到传承,但是祭祀黄帝更多成为中华民族认同的重要仪式——这是现代黄帝公祭与古代黄帝祭祀的不同之处。1912 年,孙中山在宣誓就任中华民国临时大总统后派代表团到桥山祭祀轩辕黄帝,并亲作诗一首,请代表团公祭时朗诵:"中华开国五千年,神州轩辕自古传。创造指南车,平定蚩尤乱。世界文明,惟有我先。"1935 年 4 月,中国国民党中央执行委员会、监察委员会推举委员团致祭于轩辕黄帝陵,并确定在每年清明节公祭黄帝。1937 年,中华民族到了最危险的时刻,国共两党的代表在当年清明节于黄帝陵前举行了公祭仪式,表达了炎黄子孙共御外侮的合作决心。毛泽东同志依照传统撰写了祝文,今黄帝陵庙碑亭仍立有该文稿碑,全文如下:

　　"中华民国二十六年四月五日,苏维埃政府主席毛泽东、人民抗日红军总司令朱德敬派代表林祖涵,以鲜花时果之仪致祭于我中华民族始祖轩辕黄帝之陵。赫赫

◎ 黄帝像(选自《历代古人像赞》)

始祖,吾华肇造。胄衍祀绵,岳峨河浩。聪明睿知,光被遐荒。建
此伟业,雄立东方。世变沧桑,中更蹉跌。越数千年,强邻蔑德。
琉台不守,三韩为墟。辽海燕冀,汉奸何多。以地事敌,敌欲岂足?
人执笞绳,我为奴辱。懿维我祖,命世之英。涿鹿奋战,区宇以宁。
岂其苗裔,不武如斯:泱泱大国,让其沦胥?东等不才,剑屦俱奋。
万里崎岖,为国效命。频年苦斗,备历险夷。匈奴未灭,何以家为?
各党各界,团结坚固。不论军民,不分贫富。民族阵线,救国良方。
四万万众,坚决抵抗。民主共和,改革内政。亿兆一心,战则必胜。
还我河山,卫我国权。此物此志,永矢勿谖。经武整军,昭告列祖。
实鉴临之,皇天后土。尚飨!"

　　1949 建国后,中央多次派员到黄帝陵祭祖。改革开放以后,
在全球化背景下,人们越来越意识到民族意识"自觉"的重要意
义,随着国力的增强,海外华人每年清明到黄帝陵来寻根祭祖的人
数越来越多。2004 年清明节,黄帝陵公祭升格为国家级最高祭祀
大典。

　　炎帝,传说中远古时代与黄帝齐名的部族领袖。炎帝被视为
中华民族农、工、商、医、文等各领域的发明者。他教民种五谷,尝
百草,故又被称为"神农"。中国社会向来重视农耕,因此,炎帝与
黄帝一起被视为中华民族的人文远祖,受到全世界"炎黄子孙"的
崇拜。《周礼》、《史记》、《汉书》等均有炎帝祭典的纪录。目前炎

氏農神帝炎

◦ 炎帝像（选自《三才图会》）

帝陵主要有三处，一在陕西省宝鸡市，一在湖南省炎陵县，一在山西省高平市。由于地域不同，炎帝祭祀的时间、形式亦有所不同。

《路史》卷十二云："黄帝所崇炎之祠于陈。"即黄帝首祭炎帝。据《史记》记载，秦灵公在吴阳（即今宝鸡吴山之南）祭炎帝，这是有文字记载的中国最早官方祭炎帝的活动。陕西的炎帝陵位于宝鸡神龙镇境内的常羊山上，民间每逢每年农历正月十一炎帝的生日、七月初七炎帝的忌日，都要举行祭祀活动。2005年10月3日，宝鸡市人民政府与中华爱国工程联合会、中华炎黄文化研究会、世界华人协会在常羊山炎帝陵共同主办了"全球华人省亲祭祖大典"，海内外一万多华人参加了祭祀活动。每年的清明节，宝鸡市人民政府都在炎帝祠举行炎帝公祭典礼。主祭人为市长，参与者为政府官员与社会各界，有恭读祭文、敬献祭品、祭祀歌舞、瞻仰炎帝塑像等仪式。

又据《路史》记载，炎帝驾崩于湖南长沙茶陵。宋太宗尊崇炎帝为感生帝，因此宋代朝廷特别重视炎帝祭典，在今湖南境内设炎帝祠庙。炎帝陵在酃县康乐乡，即今炎陵县，自北宋以降，历代不辍祭祀。据记载，自宋代起官方祭典三年举行一次，此后，元明从未间断，清代祭祀活动达到鼎盛时期。改革开放以后，湖南炎帝陵祭典活动恢复。1993年、1994年、1997年、2000年湖南各界进行了公祭炎帝陵典礼。2000年8月的公祭炎帝陵典礼中，"中华炎

伏羲像（选自《中国历代名人图鉴》）

黄圣火"采集传递仪式在炎帝陵前隆重举行。从炎帝陵采集的"炎帝圣火"与从黄帝陵采集的"黄帝圣火"汇合后在北京长城居庸关永久燃烧。2006年4月5日清明节，炎陵县隆重举行炎帝陵公祭典礼，社会各界代表依次向中华民族始祖炎帝敬献花篮，主祭人代表全体祭祀人员向炎帝敬献高香，并恭读炎帝祭文。

　　太昊伏羲也是中华民族文明的始祖之一。他位居三皇之一，名列五帝之首。传说中，伏羲教渔猎、造工具、养家畜、正姓氏、制嫁娶、造书契、演八卦，为了纪念伏羲的功绩，后人修建了伏羲庙，并进行祭祀活动。据《礼记·月令》记载"以太牢祀于高禖"，说明早在远古，每年仲春二月，人们要祭祀太昊伏羲。高禖即神媒，传说中伏羲、女娲兄妹相婚，抟土造人，因此，古人将伏羲氏、女娲氏奉为神媒。目前，河南、甘肃等地区存有太昊伏羲的公祭仪式。

　　每年农历二月二日至三月三日，河南省淮阳县的太昊陵都要举办伏羲公祭活动。除了祭典活动以外，还要举行庙会。庙会上出售的泥泥狗、草帽老虎等玩具，是生殖图腾文化的活化石，表现了远古时代人们对生命起源的崇拜。在太昊陵庙会上，还有一种奇特的艺术形式——担经挑。担经挑，又名担花篮，是一种原始舞蹈，舞者每组四人，其中一人击打经板（竹板）担任该组领唱，其他三人各担一对花篮（经挑）边唱边舞。舞姿变化有象征伏羲女娲交尾状的"剪子股"，有象征伏羲母亲华胥氏履巨人迹而生伏羲的

"履迹步"等。它是原始巫舞的演变,保存了集祭祖、娱神、求子为一体的远古遗风。甘肃天水伏羲庙的祭祀活动,自明成化十九年(1483)开始,一直延续至今。近年来,甘肃省委、省政府非常重视伏羲祭祀活动。一年一度的天水公祭人文始祖伏羲大典,已成为海内外同胞寻根祭祖的重要文化活动之一。总之,河南、甘肃等地的伏羲祭典有着深厚的文化内涵和丰富多彩的表现形式,它对于增强中华民族的凝聚力,起到了积极的促进作用。

"问我祖先在何处,山西洪洞大槐树。祖先故居叫什么,大槐树下老鹳窝。"这首民谣是山西洪洞移民及其后代的集体记忆,这首歌谣在今北京、河北、山东、江苏、陕西、河南、安徽、东北各地以及山西的许多地方广为流传。

大槐树移民活动始自宋室南迁,止于清代中后期,其中以明朝洪武初年到永乐十五年(1417)大约半个世纪到达高潮。"据目前的文献资料,在一个相当长的历史时期内,涉及山西的移民活动事属无疑,根据谱牒统计祖先来自此处(大槐树)的达到十一个省的二百二十个县,移民人口达到百万以上"(赵世瑜《祖先记忆,家园象征与族群历史》)。虽然众多学者对这个数据的真实性有所怀疑,但是大槐树成为众多海内外华人寻根问祖的象征符号却是不争的事实。洪洞大槐树,位于洪洞县城西北处,传说中这棵大槐树是明初移民的中转站,在漫长的迁徙途中,移民们只记得这棵大槐树,并将其象征化为家园的集体记忆。时至今日,大槐树移民后代已遍及全世界。为了纪念与洪洞县有关的移民祖先的历史,移民后裔们在清明时节回到大槐树下祭祖。他们没有繁复的仪式,只是在大槐树下进行简单的跪拜、焚香或者献供,很多远道而来的移民后人会折一小枝槐树,或者带一点泥土,甚至带一片碎瓦回去,分给不能前来祭祖的移民后代。1991年起,洪洞县人民政府主持举办了"寻根祭祖节",这是官方、民间以及海内外华人共同参加的清明节公祭活动。

上述黄帝、炎帝、伏羲以及山西大槐树等民族远祖的公祭活动,是涵盖着民间信仰、社会心理、民族认同与艺术表演等多重价值的文化载体,公祭活动的参与群体范围日渐扩大,其文化价值

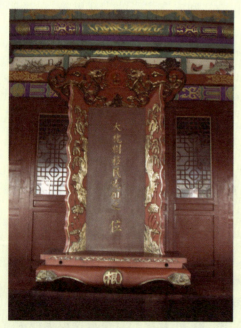

◦ 大槐树神主牌

也经历了血缘认同、政治认同和文化认同的升华过程,文化认同是维系民族团结、国家统一的精神纽带,因此民族远祖公祭活动是凝聚民族情感、获得民族认同的重要公共文化仪式。

二、国难公祭

从整个历史和种族角度而言,所有活着的人永远都经历着战争或者天灾的现在时。因为没有一个生者不是历史上人祸天灾馀生者的后代。如果我们的祖辈们在某一次灾难中罹难,就不会有现在的我们。从这个意义上说,任何人都和灾难一线之隔。中华民族是一个英雄的民族,千百年来,为了国家利益和民族利益,这片广袤的土地,饮尽多少英雄的碧血。中华民族也是一个命运多舛的民族,人祸天灾,也夺取了无数无辜的生命。然而,一个伟大民族在前进的时候,都不会忘记每年在特别的时刻回顾一下历史。这段历史关乎亡者的记忆,这些亡者虽然必定拥有具体的姓名,属于某个特定的家谱,可是,在某种意义上,他们又是属于我们整个民族的集体名词,属于一个大的历史事件。因此,我们理解的国难公祭不一定是指由国家或者相关机构部门组织起来的祭祀活动,完全可能是群众自发性的集体行为。国难公祭,可以表述为对一个族群悲剧性公共记忆的祭祀。祭祀人与亡者可能从未谋面,更不知晓那些被历史湮灭了的亡者姓名。

国难祭祀主要是为了纪念两类群体,战争中死难的同胞、将

○ 孔明灯祭祀海啸遇难者

士,或者是特大自然灾害中的遇害者。前者是告慰地下长眠的英烈以及死难者,提醒全国人民牢记历史,让人珍惜和平岁月的来之不易;后者更多强调的是生命的价值,这份哀思超越了血缘之爱,来自人道主义的大爱关怀。

　　祭祀非亲非故亡者的传统古而有之。按照民间说法,客死异乡,未能葬归故土的死者,往往没有家人供养祭祀,这样的鬼魂即孤魂野鬼,往往会成为作祟的厉鬼,因此,很多地区民间一直有祭祀孤魂野鬼的习俗。如闽南于清明前后有"烧清明"的风俗。闽南民间称孤魂野鬼为"清明公","烧清明"就是在家门口办些菜肴、焚烧纸钱祭祀"清明公"。明代曾定下制度祭祀厉鬼,《明集礼》卷十五记载,洪武三年(1370)定制,"正祭日,设城隍神位及天下城隍神位于坛上,设无祀鬼神等众位于坛下之东西"。《明史·礼志四》则记道:"府州祭郡厉,县祭邑厉,皆设坛城北,一年二祭如京师。里社则祭乡厉。后定郡邑厉、乡厉,皆以清明日、七月十五日、十月朔日。"上海旧俗也在清明节举行专祭厉鬼的祭台会仪式,称为"祭厉台",那天要迎请城隍神,城隍神要坐大轿出巡祭厉台,以赈济安抚孤魂野鬼。

　　民间亦有祭祀战乱中亡者的习俗。如江苏泰州里下河地区,每到清明就会举行"溱潼会船",即 每到清明,当地农人都在空旷的河道比赛撑船。据《泰县志》记载,"宋度宗咸淳九年十一月,龚淮、王大显等在秦潼湖抗击金兵",又《东台县志》记载,"宋建炎年间,张荣、贾虎率义兵转战南下,与金兵相遇秦潼村,遂引兵佯败,获胜于兴化缩头湖"。这次大战,金兵损兵折将战死四万馀人,宋军、义民也伤亡众多,当地群众将宋军阵亡将士的遗体就地安葬在湖边。为纪念阵亡的将士和义民,每年清明节,就近的百姓们家家撑着篙子船,争相到溱潼东观祭祀那些长眠地下的无名英雄们。于是,溱潼会船的习俗流传至今。同样,闽南地区"三月三"敬祖节据说也与祭祀战争中的死难者有关。清兵屡次被郑成功军队击败后,怀恨在心,后来郑成功移兵驱逐荷兰,收复台湾,清军就乘机入侵厦门、金门,毁城拆屋,烧杀抢掠,造成"嘉禾断人种"的惨剧。厦门、金门的幸存者直到三月初三才陆续回岛,因为无法知道亲人被害的忌日,因而大家在三月初三共同祭祀死难者,长久

◦ 溱潼会船

◎ 南京大屠杀遇难同胞六十五年祭

以来遂成习俗。除却清明时节的公祭以外,闽南同安城的居民独有在旧历八月二十六日祭祀"陷城祖",据当地县志记载,清顺治五年(1648)八月二十六日,清军攻陷同安,屠城四日,杀人数万。梵天寺主持无疑大师率徒昼夜背尸万具,合葬于寺东北一里之地,建"无祠亭"以祭,此后每年八月二十六日,同邑士民结队上山公祭死难者。

　　每年清明,我们为什么要在英雄烈士陵园的那些有名字,或者没有名字的英雄墓前,默哀、唱国歌、宣读祭文?为这些从未谋面的陌生亡者送上一束鲜花,或者在墓旁永远沉默的柏枝上系上白花一朵?只为了他们的鲜血肥沃了我们脚下这片热土,这群为了中华民族伟大复兴献出生命的英雄儿女,值得人们纪念他们。每年清明,南京大屠杀死难同胞纪念馆里公祭的人群也络绎不绝,其中不乏那些侵略者的后代,忏悔他们的先人曾经的罪行。于是,清明祭又衍生出一种忏悔的文化社会内涵。2008年5月12日四川特大地震,约近七万人遇难,一万多人失踪。那一天扯痛了所有黄皮肤黑眼睛人的心。天灾无情人有情,地震灾区建造了地震遗址公园,并设有祭祀坛,让人们在清明时节寄托哀思。公祭活动的意义,不仅仅在于哀悼去世的人,更在于表达所有活着的人们那一份血脉相连,同为人类的感恩之情。正如英国诗人约翰·多恩的诗歌里那样歌唱的,"没有人是孤岛/没有人能独善其身/每个人都是广袤大陆的一部分／任何人的死亡都是我的损失／因为我是人类群体中密不可分的一员"。

三、血亲祭祀

从商代开始,由于父系制的发展,祭祀转而注重直接的血缘关系。郑玄在《礼记·祭法》中注解说:"自夏已下,稍用其姓代之先后之次。"按照商族的传说,他们的始祖契是由简狄与帝喾所生,于是《礼记·祭法》说,到了殷时代,就有了血缘祭祀,所谓"禘喾而郊冥,祖契而宗汤"。

灵魂不灭、追求不朽是祖先崇拜最基本的观念。从商周时代开始,信仰中心就在于人鬼,留存的甲骨文大部分用于祭祀占卜。殷商人认为过世的祖先魂魄犹在,而且具有一种神秘的力量,他们的喜怒直接降祸或者延福于子孙。于是为了取悦或者乞助祖先,就要祭祀他们。另外,祭祀追念祖先,自己也会因血统关系而被后代追念不忘,这是祖先生命及自己生命延续的文化体现,也是每个人得以克服死亡恐惧的方式,即借着祭祀的仪式,人人都可以在后代的追念中获得不朽。因此,繁衍后代不仅仅是个人的事,而是关乎祖先灵魂是否获得不朽的大事。正因为"不娶无子,绝先祖祀"的严重性,故《孟子·离娄章句上》就说:"不孝有三,无后为大。"

春秋战国时候,儒家学者将具有原始宗教性质的祖先崇拜发展为维持社会的一种伦理教化工具。因此,虽然孔子对鬼神之事

◎ 三代宗亲（山东堂邑年画）

不置可否，如《论语·述而》云："子不语怪、力、乱、神。"又，《论语·先进》记季路问事鬼神，子曰："未能事人，焉能事鬼？"问死，曰："未知生，焉知死？"但是，孔子却极其强调祭祀之礼，认为祭祀之礼是维持伦理的重要手段，体现了一个社会人的必备素养，即孝道。如孔子答樊迟问孝说："生，事之以礼，死，葬之以礼，祭之以礼。"《中庸》还这样指导民众："事死如事生，事亡如事存，孝之至也。"即丧葬祭祀之礼本身即是孝道和人品的重要组成部分，进而孝最终成为一种治国之道。《大戴礼记注》卷八云："凡不孝生于不仁爱也，不仁爱生于丧祭之礼不明。丧祭之礼所以教仁爱也，致爱故能致丧祭，春秋祭祀之不绝，致思慕之心也……夫祭祀，致馈养之道也。死且思慕馈养，况于生而存乎？故曰：丧祭之礼明，则民孝矣。"也就是说，丧祭礼仪可以培养子民的仁爱之心和尽孝之道。

中国宗族社会对分枝散叶的"树型"血缘关系非常注重。在传统的乡土社会中，绝大多数民族，上至达官显贵，下及升斗小民，一般都有族谱或家谱。当然本土威望越高、人丁越兴旺的家族越热衷于修谱。族、支、房等各种家族等级、辈分的伦理内容在清明节表现得最清楚。一般说来，族谱或者家谱的人口规模和家族的社会地位决定了清明节祭祀的模式与规模。华南是比较注重宗族祭祀的地区，如泉州俗语云："清明不回家无墓。"在外地的泉州人在一般情况下都会回家过节。那里一般在清明中午祀祖，统称为"做节"。祭祀有祭"公祖"与"私祖"之分。公祖就是一个大家族共同的远祖，有的家族的远祖能追溯到几百年前，只有人丁兴旺的大族才有能力在祠堂或是家庙中祭祀公祖，或称之为"春祭"，由本宗族中的值年之家预备祭品。是日，宗庙大门敞开，凡该族之子孙成丁娶妻者，均可入祠享受祖先赐予的饭菜。人丁相对单薄、更无显赫家世可以依托的人家，则在清明祭私祖，所谓私祖往往就是上两代的先人，祭祀往往在自家厅中或者墓前进行。扬州地区也有类似的风俗，据《扬州市志》记载，靖江老岸地区于清明前十天起，各宗祠相约族人同时祭扫祖坟，俗称"值公祭"。当然，中国独生子女政策的实施和城市化进程之速，人头攒动、分享祭馀的大型"祭公祖"活动也相对成为鲜见的风景。

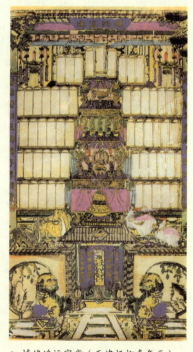

◎ 慎终追远家堂（天津杨柳青年画）

○ 江苏高淳清吴氏祠堂图

四、祭祀形式

从祭祀的空间形式上看，祭祀可以分为庙祭、坛祭、祠祭、家祭、望祭、墓祭。

春秋以前，尚无墓祭的礼俗，贵族以庙祭祭祖。要祭祀逝去的先人，就立一名为"尸"的神主，在宗庙祭祀。郑玄注《仪礼·士虞礼》曰："尸，主也。孝子之祭不见亲之形，象心无所系，立尸而主意焉。"按照《礼记·王制》云：天子七庙……诸侯五庙……大夫三庙……士一庙。庶人祭于寝。天子诸侯宗庙之祭春曰礿，夏曰禘，秋曰尝，冬曰烝。"就是说庙祭不是一般人能举行的仪式,只有士以上的阶层才能设庙祭祖。而且古代贵族庙祭的时间四季皆有,规矩亦极为繁复,不仅有特定的服饰,还有祭器(如鼎、盘之类)、礼器、乐器。《礼记·曾子问》中提到了"坛祭",孔子答曾子问礼云:"望墓而为坛,以时祭"。有学者如顾炎武认为这就是墓祭的起源。

祠祭是指家族在祠堂祭祀祖先。祠堂祭是大家族为强化家族的地方声望以及明确家族等级制度的必要仪式。祠堂是家庙的一种形式。南宋朱熹《家礼》立祠堂之制,从此称家庙为祠堂。祠堂供奉着先人或者先贤的排位,被视为是祖先魂魄的栖息之所,一般说,一姓一祠堂,旧时外姓、族内妇女或儿童不许擅自入内。祠堂是族人祭祀祖先、商议族内重要事务的场所,因此,祠堂祭又称为"庙祭"。在传统社会中,祠堂是家族重地,如《红楼梦》中写到祠堂闹鬼,后果然败家。因此,祠堂的修葺、祭祀直接关系到家族的利益与兴衰。

在传统农耕社会,作为一年之首的春祭具有很重要的意义。很多宗族观念强的地区从二月春分起就开始扫墓祭祖,最迟扫到清明结束。在扫墓之前,全族的成年男丁要在祠堂举行祭祖仪式。祭祖结束后,还会按照家族的支、房扫祭各家坟墓。祠堂祭往往是大规模的祭扫仪式,动辄是全族乃至全村出动。传统上祭祖的主要内容包括族人焚香、叩头、供祭品,主祭人当众朗诵格式、内容比较固定的祝文等。而且,按照《周礼·春官宗伯》中记载的古老传统:"以饮食之礼亲宗族兄弟。"祠堂祭一般以全族聚餐或者分猪肉的方式结尾,或称为"吃清明"。

家族庞大的祭祀需要一笔不小的开支。传统上祠堂祭的费用开支一般有两个方法,一是望族人家有坟地,以地租致祭,款待子孙;二是以房为单位轮值分摊费用。2008年4月4日《南方都市报》,报道了东莞虎门地区一个特别的习俗:家族"投暗标"竞买祭祖物品。虎门人祭祖后要举行隆重的竞买祭祖物品活动,因为,僧多粥少,祭祖的烧猪等食品、物品不可能分到每个族人手里,于是只有进行投标竞买。一个大家族在祭祖后,会将所有物品拿回家,实行投暗标竞买。每家人把自己能出的钱数写在纸上,谁出的钱多谁得祭品。有时一个几十元的茶杯会卖出几百元的高价。除了祭品以外,因为点鞭炮也是一件很吉利、很有面子的事,因此连点鞭炮的资格也以投标的方式选出。那些人丁兴旺、经济上比较殷实的支房就能得到更多机会表现。族人都相信积极竞买可以得到祖宗的保佑,这样的竞买就是寻个彩头,讨个开心,也不失为一种公正的方法,不会引起家族不和。因为竞卖的钱属于整个家族,最终用以"充公"留着修坟头、建祠堂等公共活动。

家祭,又称寝祭,就是在家里放置神主进行的祭祀。家祭主要的祭祀对象为两代以内去世的先人,如祖父母或者父母。举行家

◦ 墓祭

祭往往是因为家庭结构相对简单,或者离开祖墓太远的缘故。《清嘉录》卷三有云:"人无贫富,皆祭其先,俗呼过节,凡节皆然。盖土俗,家祭以清明、七月半、十月朔为鬼节。"现苏州地区多在冬至或小年夜以家祭形式祭祀先人。北方有些地区的清明家祭之俗,与南方颇有不同,如《万全县志》记载,各家皆供神主,晚于门前焚香,点锡箔纸钱,妇女坐地哭泣,谓之送纸,亦有于先一日晚送纸者,谓之新坟(死未逾三年者),当日晚所送者为旧坟(死已多年者)。

望祭,从字面上看可以解释为"望墓以祭"。《尚书·虞书》曰:"望于山川,遍于群神。"说明舜帝曾经在山上举行过望祭活动。《岁时广记》卷十六记唐开元二十四年(736)的寒食之敕中特意提到,宦游在外的人,如果不能离开职守,回乡祭墓,就可以望着家乡祖墓的方向祭祀:"若士人身在乡曲,准敕墓祭,以当春祠为善。游宦远方,则准礼望墓以祭可也。""望墓以祭"的具体做法有两种:一种登上高山,望着祖墓所在的方向,将纸钱撒向空中。庄绰《鸡肋编》卷上有云:"其去乡里者,皆登山望祭。制冥帛于空中,谓之擘钱。"第二种就是在水边祭祀。祭者望着祖墓所在的那个方向设祭,希望祭者的恩念,沿着水路,送达到家乡的祖墓。唐王建《寒食行》所谓"远人无坟水头祭,还引妇姑望乡拜",就描绘了这一情景。不受地理空间限制的"望祭"在现代社会更有特别的意义。

坟墓祭祀之图（选自《清俗纪闻》）

随着华人在全球的分布越来越广，望家山而祭也成为异国华人的宗族认同方法。如侨居在火奴鲁鲁的中国人，经常去朝向祖先故土的海滨焚烧纸供品。

清明节最主要的祭祀方式是墓祭，即到埋葬亲人或者祖先遗体或骨灰的坟墓前进行祭祀。墓祭最迟应该在春秋战国之际已经出现。《孟子·离娄章句下》说，齐国有一个人，家里有一妻一妾。这个人每次出门，都必定酒饱饭足回来，他妻子问他与谁一起吃喝了，他说都是一些有钱有势的人。于是妻对妾说出了自己的疑问，丈夫说每次都和那些富贵者一起吃饭，可是我们家却从来没见到什么有钱有势的人物来拜访过啊！于是妻子悄悄地尾随丈夫，看看他到底去些什么地方。但见丈夫走遍全城，没有看到一个人与她丈夫说过话。最后只见丈夫"之东郭墦间之祭者乞其馀；不足，又顾而之他。此其为餍足之道也！"意思是他走到了东郊的墓地，向祭扫坟墓的人要些剩馀的祭品吃；没有吃饱，又东张西望地到别的坟上去乞讨——这就是他酒醉肉饱的办法。黄庭坚《清明》提到的"人乞祭馀骄妾妇"，说的就是这个典故。它透露出至少在战国期间，富贵人家已经有了墓祭习俗，而且，已经有了用酒食等祭品在墓前祭拜先人的仪式。到了汉代，随着儒家学说的流行，墓

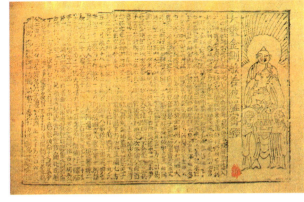

○ 金刚般若波罗蜜经（北京纸马）

祭风气渐浓，王充《论衡·四讳篇》说，当时"俗有四大讳"，其中之一就是"被刑为徒，不上丘墓"。　到了唐代，随着朝廷对寒食清明祭扫习俗的正式肯定，前代祭墓风俗扩大到整个社会，于是出现了每至寒食清明扫墓时期，"田野道路，士女遍满，皂隶佣丐，皆得上父母丘墓"的盛况。（柳宗元《寄许京兆孟容书》）。我国的墓葬形式非常多样，原始社会时主要有洞穴土葬，慢慢发展为有"坟"这样高出平地土丘的平地土葬。竖穴土坑墓是中国墓葬形类最常见的墓葬形式，人们垂直从地面下挖成葬坑，将死者纳入坑内，摆好随葬品后再用土掩埋死者。墓葬的规格，往往象征着死者以及死者家族在阳间的社会地位，风水朝向、墓制规格等是墓主人地位尊卑的直接反映。

　　按照道教的说法，坟墓是人去世后魂的栖息地之一，阴宅对亡者的安宁而言非常重要，如《春秋左传杜注》卷二十一云："鬼有所归，乃不为厉。"虽然清明、中元和十月均为鬼节，但是"在三大悼亡节中，清明为首，后世一般不直称清明为鬼节，而对中元、十月朔则普遍以鬼节名之。其中的细微区别在于清明重在祭墓祭祖，表达孝思，其他二节重在祭亡，对孤魂野鬼也一体关照，希望通过祭祀安抚鬼灵，防止游魂做祸"（高洪兴《中国鬼节与阴阳五行：从清明节和中秋节说起》）。也就是说，清明节上坟虽然也会烧些纸钱给孤魂野鬼，但是人们主要祭祀的是与自己有家族血缘关系

◎ 烧纸

的"祖神",或者俗称的"家鬼"。

那么,为什么国人愿意选择在三月清明祭祀先人呢?有的学者认为深藏在中国鬼节背后的哲学内涵就是阴阳五行。清明时节的阳春三月,正是草长莺飞的季节,万物都处在生气旺盛的时节,也是阴气衰退的时节,利于鬼魂活动的阴气进入收敛状态,鬼也将入居阴宅进入休眠阶段。为了让祖鬼平平安安住在阴间,此时就该给他们送去冥币,否则一旦祖先休眠或墓门紧闭,就会给他们在阴间的生活造成不便。另外,由于清明以后直到七月阴气转盛之前,祖先都住在墓中,修治坟墓也就成了自然而然的事情。

唐寅临终写下这样的诗句:"黄泉若遇好朋友,只当飘零在异乡。"除表现了豁达的胸怀之外,还有另一层意思,即死者生活的地方其实同阳间是一样的。如同阳间需要各种社交规则一样,祭祀一样需要"上下打点"。清明节这一天,有一些地方要祭路旁土地神,以福佑地下先人。据徐谦芳《扬州风土记略》卷下记前清时,"府治附郭县二,城隍如之,更有都土地,四城隍例于三节日乘舆出行。前导者都土地,继以江、甘二县,终之者扬州府城隍。旌旗仪仗毕具,舆前祈以香,导以乐,八人舁之,巡行四境,至北郊行宫而憩,及夕回辕"。清明赛会,很多地方都有。

墓祭不仅要关照阴间的上述人等,还为阳间的人们发展出一定的社会关系。如南京民间一直存在的"坟亲家"民俗。所谓"坟亲家"就是居住在坟墓附近,代为照看坟墓的人。南京人清明祭扫以后,总不忘带点茶点或者香烟给坟亲家,表示酬谢,而看坟者也备饭菜招待上坟人。如此,我们可以看出,清明的祭祀模式多多少少是世俗世界人际游戏的投射。

◆ 二、思到黄泉飞纸钱 ◆

大量考古资料显示,从新石器时代开始起,古代墓葬陪葬品很多都是日用品。这说明一点,在古人的生死观点中,人死后灵魂不灭,会到一个称之为"阴间"的神秘世界去,在阴间亡魂仍过着与人世相同的生活,还是有衣食品住行等各种日常生活的需求,而这都应该由阳世子

◎ 纸元宝

孙来供奉。古人相信,作为丰盛祭品的交换,祖先就可以保佑自己的子孙。在现实生活中,人们为了金钱奔忙,想象中,阴间也必须使钱花费吧。因此,在扫墓习俗中自然而然诞生了"纸钱"。

纸钱,古称寓钱、楮镪(楮,一种可以做纸的树,代指纸镪、钱串)、阴钱、拟钱等。纸钱可以溯源到远古人类以真流通货币随葬的习俗。1976 年,考古人员在甘肃玉门火烧沟的新石器时代墓就出土有海贝,贝是上古的流通货币。据《汉书·张汤传》记载:"会人有盗发孝文园瘗钱。"如淳注曰:"瘗,埋也。埋钱于园陵以送死也。"瘗钱,即埋入墓中陪葬用的钱币。"瘗钱"最早不仅仅用于陪葬死者,也用于祭祀天地。如《诗经·大雅·云汉》中提到的一次求雨仪式曰:"上下奠瘗,靡神不宗。"许懋注云:"上祭天,下祭地,奠其币,瘗其物。"(徐璈《诗经广诂·大雅》)《新唐书》认为以纸钱代替真钱始于王玙,王玙是"祠祭使",类似皇帝的专职巫师。《新唐书·王玙传》曰:"汉以来,葬丧皆有瘗钱,后世里俗稍以纸寓钱为鬼事,至是玙乃用之。"但是据文献记载,自魏晋以后就有纸钱习俗。封演在《封氏闻见记》卷六中就说:"纸钱,魏晋以来始有其事。"总之,纸钱之俗或许在唐前已经出现,但是大量使用却始于唐时。

纸钱的形式也非常多。唐朝即有为了追求仿真的金色纸钱。唐人唐临《冥报记》卷中云:"鬼所用物,皆与人异,惟黄金及绢为

○ 折元宝

得通用。然亦不如假者,以黄色涂大锡作金,以纸为绢帛,最为贵上。"现在这种涂了金色或者银色的纸钱仍然在民间使用,俗称"锡箔"。除了金色纸钱外,唐代还有"素钱",有学者推测"素"在古时本有专指,是一种纯白丝织物,因而这里的"素钱"有可能是使用丝织品制作,也有可能就是"白纸钱"。五代时纸钱有了进一步发展,出现了印有文字的纸钱。后世印有《往生咒》经文,被称为"往生钱"的纸钱当源于此。纸钱的制作方式主要有四种,或者折叠,人们将金银纸折叠成元宝纸锞状;或者剪凿为钱形;或者印有各种图案或者文字的纸钱,晚近更有模仿纸币的冥钞,均为巨额面值,上书"天堂银行"、"冥国银行"、"地府阴曹银行"等字样,还有一种就是最为简易的黄表纸。

清明节扫墓的纸钱有两种处理方式。简单说,就是有的纸钱不焚烧,有的则要焚烧。前者主要与寒食节禁火的习俗相关,一般称为"挂纸"、"挂青"、"挂钱"或"压纸"等。张籍《北邙行》诗云:"寒食家家送纸钱,乌鸢作窠衔上树。"薛逢《君不见》诗云:"清明纵便天使来,一把纸钱风树杪。"都描述了漫天如雪、只送不烧的纸钱习俗。《鸡肋编》卷上云:"寒食日上冢,亦不设香火,纸钱挂于茔树。"顾禄《清嘉录》卷三云:"其有挂于墓者,则彩笺剪长缕,俗呼挂钱,亦曰挂墓。"也就是说用金银箔叠成的元宝、锞子,下缀彩纸穗,或白纸剪成的钱状纸钱用线穿成串,或者彩色纸带等,挂在

坟前或者坟边的树上。俗称"挂青"或者"挂钱"。少数民族地区
也有此风俗，据《越嶲厅全志》记载，凉山彝族地区在"清明前十日，
富宅杀猪宰羊，挈担提盒，邀请宾亲男女持香帛告墓，猜拳行令，尽
一日之会而回。墓上树长大纸钱一树，谓之'旺山钱'。贫者亦以
香帛酒醴扶老携幼至墓酬奠，亦出旺钱一树，谓之'挂素钱'"。除
了"挂钱"以外，还有一种坟头纸也是非常重要的。祭祀当日在坟
头以石块压住纸钱，为"压墓纸"，这意味着该坟有子孙为之祭祀。
中国人以奇数为大，墓纸也以奇数为主。如闽南、台湾部分地区
在扫墓时一定要在坟墓的四周献置纸钱，即一种用五色纸剪成长
方形的纸片，又称"墓纸"，每张纸压上小石头，还得放一沓在墓碑
上。据《扬州风土记略》卷下记载，扬州地区流行将纸钱压在坟堆

◎ 冥衣剪纸

◎ 清明扫墓

的四角、坟顶，称其为"压钱"。清明祭扫祖墓，绾五色纸腾于墓顶，名曰"坟钱"。 挂钱的习俗是在寒食禁火的历史环境下形成的，一旦形成就成为一种特定的民俗传统。因此，尽管后世已不禁火，但是挂钱仍然流传下来，并成为清明墓祭的特点之一。

清明节纸钱习俗烧、挂并存，随着时代的变化，烧纸钱更为普遍。如江苏南京地区清明节墓祭烧纸，是在坟前划一个圈，圈不能封口，要留一个空缺使祖鬼可以取钱，一边烧纸钱，一边呼唤某某亲人来取钱。除了给亲人烧，人们常常还会在此圈外再另划圈烧一些纸钱，这是给那些无主孤魂的安慰。等纸钱化为灰烬，不能刻意将灰烬弄散，而是等自然风将其吹散为上佳。这些都是为了防止子孙草草了事，使烧纸仪式的时间尽量延长。元人袁桷有诗"丛竹雨留银烛泪，落花风飘楮钱灰"，就是描写纸钱化作纸灰，被风吹至无影无踪的伤情时分。还有一种比较常见的烧纸钱形式是"烧包袱"，所谓"包袱"是指从阳世寄往"阴间"的邮包。这种包袱皮就是一个用白纸糊成的大口袋，上面有相应的文字，或者是"往生咒"，中间写上收钱亡人的名讳。或者仅仅贴一蓝签，写上亡人名讳即可。

总之，清明上坟烧纸钱、挂纸钱不仅仅体现了后人对前人的哀思，同时也是一个家族或者家庭血脉得以延续的宣言。如果说"清明不祭祖，死了变猪狗"的民谚是对不肖子孙的告诫，那么"有后人，挂清明，无后人，一光坟"的民谚，则表达了人们对一位"无后"亡者深深的怜悯。

◆ 三、一陇新土修故坟 ◆

在人们看来，清明是亡者与生者最重要的交流时间，将故去的先人当成活着一样孝顺，祖先才更好地福佑后代儿孙，这不仅是孝的表现，也是代际间互惠关系的体现。对中国人而言，"风水"可能已经成为一种集体无意识，据说墓地是亡者之魂的栖息地之一，先人的阴宅对子孙后代的发展具有极为重要的意义。因此，选择墓地的方位成为一门学问。先人下葬后，每年清明节为先人的阴宅整修一番也是在所不辞的义务。如《扬州市志》记载，"清明前十天，各家就请人修补祖坟"。坟上的任何动静，比如

◎ 坟帽子

长出何种奇怪的草，或者何种品种的树，主家都会要求风水先生给出专业的建议。从现实的角度说，清明节过后，就是春雨连绵的时节，雨水冲涮或者杂草丛生可能会给先人的坟山带来破坏，特别是传统的土葬，坟茔如果长期无人打理，经年的风吹雨淋，坟土会流失，坟山就会慢慢变小，这就那些没有后人的坟最后成为平地。要保持坟的大小，自然就要每年添上一些新土，因此，可以由墓上有无新土判断出此墓有无子孙后代。从唐时起，人们就很在意这种习俗行为，王建在《寒食行》中就用怜悯的口吻叹道："但有陇土无新土，此中白骨应无主。"另外，坟山年代久远，可能还会引来狐兔蛇鼠等动物穿穴打洞。因此，人们就要花点时间修整坟墓，培添新土，清除杂草，重描碑文，让过世的亲人在阴宅中住得更为舒坦。

除了添土除草以外，修坟还重视几项内容："坟帽子"是否完好，坟墓是否浸水，坟墓边如果有道路，还要注意道路是否会压着坟山的走向。祖先的坟山必须完好无损，才能保佑后代的顺利发展。所谓"坟帽子"就是土坟顶端的一个或者是两个土块，形状或圆或方，常常一正一反安置。一般说来，一年的风吹雨打，坟帽子总是最先毁形的，人们往往在清明时用铁锹挖一块带草的新坟帽子，平稳安正地压在坟墓顶端。有的地区还在帽子和坟顶之间，夹几缕柳条和一两张纸钱。江苏淮安部分地区在在坟帽下压红、白、绿三色纸条，谓"飘山纸"，同时在坟墓的坟帽上插几根"杨柳

◎ 修墓

青"，即连皮带叶捋到枝条末端的杨柳细枝条。清明节还是迁坟移葬的最佳时期。闽南地区多有早年外出的华侨，如客死他乡，死前会嘱咐子孙将其尸骨或骨灰安葬故土。清明前后二十天内捡骨、换皇金（即装骨灰的陶罐）、迁葬不选日。讲究的人家在拾骸迁坟之前，都要请风水先生看一下老坟，如江苏地区的俗信认为，如墓中有鼠，是为不吉，主家就要做道场等补救方法，如墓中有蛇，则是"龙子"，视为大吉大利，谓祖先荫庇甚厚，子孙可以万事无忧。

近年来，关于"死人与活人争地"的事情屡屡见于报端。随着生活节奏的加速，土地资源日渐紧张，火化逐渐取代了土葬，"千里孤坟，无处话凄凉"的时代大有结束的趋势。越来越多的城市居民选择将先人骨灰放置在占地面积更小、更经济的公墓，甚至是塔式公墓。由于防火或者环境等客观条件的约束，人们不得不放弃传统的烧纸、磕头、除草等程序，而改为西式的送鲜花与静穆鞠躬。然而，不管形式怎么变幻，清明节到先人墓前祭祀仍然是中国人不变的文化内核。

◆ 四、惠及子孙食祭馀 ◆

古代传统中，家族祭祀都要有专人朗读专门格式的祭文，在祭文的末尾，总有一个不会少的词汇"尚飨"。翻译成现代汉语就是

"请先祖来享用祭品吧"。现代社会中,文绉绉的祭文越来越少见了,但是,在以"食为天"为传统的中国社会,"尚飨"不仅仅是对先人的邀请,也是前来祭祖的子子孙孙大吃一顿的好机会,即"食祭馀"。"食祭馀"是指祭祖结束以后,族人一起分享供奉给先人的食品。现在,随着城市化进程的加剧,这种家族聚餐的热闹场面越来越不多见了。一般而言,城市里的清明祭扫结束之后,还有着聚餐的习惯,或是到辈份最高的人家去聚餐,或是众兄弟轮流做庄,或者是更为简便地到饭店吃一顿团圆饭。

董凯先生在其博客中回忆家乡"吃清明"的情景:

"我的家乡在北方,是有吃清明的风俗,那是带有宗族色彩的综合性质的活动。某年吃不吃清明,要由同姓一族中辈分最高、年龄最长的老爷子说了算。他也不是凭空臆断,他要到'老坟'里走一走,看看成材的大树还有几棵,能放倒的树卖个啥价钱,全族中的男人有多少,得杀几头肥猪……谋划好了,清明前几天,就放出响亮的话来:今年吃清明! 具体琐事,卖树、买猪、杀猪、买米……自然有人操持。吃清明的权利仅给男性,这让族中的女人们很是忿忿不平,可这是祖传的规矩,不得改动。也只好在清明节那天,由自个家里给女人们适当地改善改善伙食。砍了树,卖了钱,作为吃清明的花费。可树砍一棵少一棵,光砍不种不成。吃清明的那天,青年男子并不轻松。天蒙蒙亮就拿了工具奔老坟,杨、柳、榆、槐,都可以现砍现栽；松、柏的小苗也要在选好的地方挖坑移栽。砍下的'树栽子'按老爷子给打好的记号，也要挖坑栽好，还要灌上一桶水，保活——过几个月，老爷子还要溜达过来看一眼。等这些栽树的年轻人回来，才准备吃清明。吃清明的男人们，不论老小，都拿着自己的碗筷，早已等在'西头瓦房'的大院里了。这家人家场院大，比较富裕，有大锅大灶，还有大个儿的柳条簸箩，簸箩里是煮得七分熟的大米或是高粱米，叫饭坯子。一连要煮几锅，再一锅一锅地铲到簸箩里，盖起棉被，焖半个钟头，也就熟了。吃饭的人多，只能这么干。菜，只一样，炖大块儿肥猪肉，连粉条子都不搁。炖好了，往大盆里舀。大盆摆到院子里的长条桌上。老爷子喊一声：'开吃！'人们一窝蜂似的围上来，抢着盛饭，抢着夹肉，个个吃得嘴角流油，理直气壮，都说，我们是吃祖宗呢！爷儿们到齐了之后，老爷子宣布吃清明之前，他还照例有几句话，斩钉截铁地说出来。为了让老少爷们都能听见，他一定要等场院静下来才开口，且说得慢：吃过清明，旧年的，磕磕碰碰，就都过去了！谁也不要，再存在心里！我们是一子一姓，可不能给老祖宗，丢脸哪！老爷子也端了碗，早有人给他盛了饭，他用筷子插上一块肉，高高地举起来，喊一嗓子：开吃！大伙儿抬了声欢叫：吃清明！吃祖宗啊！于是，碗筷声，吞咽肥肉时幸福的呻吟声充满了这气氛融洽的场院。"（《寒食与吃清明》）

○ 烤全猪祭品

　　这段朴素温馨的文字描述了民间清明"食祭馂"的过程。在远古的人们对彼岸世界的想象中，先人应该也像生者一样喜欢各种美食。因此，祭品是先人与后代良好关系的媒介之一，它体现出后人对先人的敬畏以及虔诚。《诗经·小雅·楚茨》记叙了周代贵族祭祖的全过程，首先云："以为酒食，以享以祀，以妥以侑，以介景福"。是说宗族成员用酒食祭祀先祖，以求赐福。最后祭祀活动的结尾就是所谓的"食祭馂"："乐具入奏，以绥后禄。尔肴既将，莫怨具庆。既醉既饱，小大稽首。神嗜饮食，使君寿考。孔惠孔时，维其尽之。子子孙孙，勿替引之。"——所有参加祭祖仪式的人在祖庙内，听着音乐齐奏，一起享用祭后的美酒佳肴，参加祭祀的人个个酒足饭饱，互敬互祝，一派其乐融融的景象，最后大家一起祝主人长寿福祥，这个祭礼确实完美适时，因此，希望子子孙孙永记不废祭祖之礼，以保子孙福佑。

　　《诗经·小雅·楚茨》告诉我们，自先秦时代起，先备食物请先祖考妣享受，然后合族宴饮——这个习俗至今还在河北、陕西、甘肃、四川、福建、浙江等地流传，只不过今天有很多别名，如清明会、吃青、做清明、上坟会、吃清明等。那么，用作祭祀食物祭品主要是那些呢？简单说就是，在食物中主要是肉，在饮料中主要是酒。据有关学者研究，"中国古代的食物类祭品多种多样，举凡人可食的食物都能用来献祭。不过，与人的食谱相比，神灵的食谱

○ 清明祭

在结构上有一个显著的区别，那就是在人的食物结构中作为副食的肉食变成的神的主食；而作为人的主食的粮食则变成了神的副食，形成了一种以肉食为主、粮食、蔬菜、果品为辅的神嗜饮食体系。据有关资料统计，《诗经》中用牛羊豕为祭品的诗文明显多于用黍稷韭瓜等粮食和蔬菜为祭品的诗文"。而且"猪在民间祭祀活动中用于献祭的频率远远高于牛羊二牲"（李金平《古代宗教祭祀用食物类祭品的构成及其形态特征》）。因此，直到现在为止，民间清明祭祀用的肉食大都为猪肉。其中，猪头更具有特别的意义，汉族祭祀有用猪头祭祀祖先的习俗。土家人墓祭用的祭品也多为腊猪头，清明墓前祭祖后，全家人一起喝酒、吃猪头，土家俗语云："清明酒醉，腊猪头有味。"酒是在祭祀中与肉具有同等重要地位的饮料。在《诗经·小雅·楚茨》中，诗人赞美黍稷："我黍与与，我稷翼翼。"黍稷是当时极为重要的农作物，也正是酒的原料。当然，除了酒以外，还有奶和茶可以作为祭品来献祭，如元代蒙古王室祭祀贵用马奶，而云南少数民族常常以茶祭天祀祖，这些都与地方物产以及由此衍生出的文化有关。

一般说来，家族中的女性是被排除在"食祭馀"之外的。因为宗法性是祖先崇拜的基本属性，它是以父系血统的延续为轴心，形成的上下辈分和远近亲疏的血缘网络。所以，进入宗庙拜祭的人一般为男子，特别是直系的长子长孙才是先人祭祀中的主祭者，是为宗子。《诗经·小雅·楚茨》云："君妇莫莫，为豆孔庶。"不管多么身份尊贵的妇女，也只能在祖先祭祀中帮着做些厨房的杂活。

　　祖先祭祀结束以后，该是撤去祭品，家族宴会的时候了吧？面对丰盛的食物，很多人食指大动，迫不及待了。但是，还有一项工作要完成，那就是把祭品重新煮一下，直到现在中国大部分地方，清明祭祖用的食物都是半生半熟的。从结构人类学的角度来说，在人类的思维中，世间万物都是可以被归类在二元对立的框架中。如法国结构主义人类学家列维—斯特劳斯在《神话学》中就提出了"熟食—生食"、"世俗—神圣"等论点。李亦园先生据此对汉族祭祀进行了研究，论证了在"民间仪式中，用祭品表达对不同神祇的态度，有两对基本的原则，那就是'全'与'部分'、'生'与'熟'。用'全'表达最高的崇敬与最隆重的行动，用'生'来表示关系的疏远，用'熟'来表示关系的熟稔和较为随便"。如此，我们可以解释为何在汉族大部分地区，祭祖的主祭品是杀一到两头猪，做成半生半熟的祭品。因为整猪才能表达我们对祖先的敬畏，而去世的祖先则是像人又超出人的神物，与后代的关系即熟悉又陌生。因此，半生半熟的食品最能表示我们和先祖之间的关系。

　　"诸父兄弟，备言燕私"，同族的伯叔兄弟在一起，心里多么欢喜。血缘是中国人的第一认同标准，只有"自己人"才在清明节欢聚一堂。清明"食祭馀"的重要意义正在于团结族人，每举行一次家族祭祖活动，同宗人的归属感、认同感，凝聚力就加强一分。再说，对中国人而言，还有什么比坐在一起吃顿饭更能增加彼此之间的感情呢？

碧玉菜团蛋玲珑：清明味道

莱服根松缕冰玉，蒌蒿苗肥点寒绿。

霜鞭行茁软于酥，雪树生钉胜脠肉。

——方岳《春盘》

　　清明节是一个悲欢跌宕、生死循环的特别节日，《帝京景物略》卷二这样描叙清明节的悲喜两重天：三月清明日，男女扫墓，提着篮子，挑着担子，轿子马车挂满纸钱，金碧辉煌满眼都是，哭着祭拜、上供，为坟墓除草。然而"哭罢，不归也，趋芳树，择园圃，列坐尽醉。有歌者，哭笑无端，哀往而乐回也"。哭着去，笑着回，喝到形骸尽忘才归，这也许是中国人特有的等荣辱齐生死的生存智慧吧。从幽暗的墓地回来，撒落在身上的春日阳光似乎从没有这样温暖明亮过。人们意识到只有好好享受祖先给我们的生命，才是对祖先最大的感恩。而活着的幸福之一，就是享受各种美食。在"民以食为天"的中国，"吃"具有重要的现实意义和文化价值。清明习俗漫长的形成过程中，上巳与寒食的一些特有食俗逐渐在花式、营养上得到丰富，人们还根据各地的时令物产与文化传统，形成各具地方风味、令人垂涎的清明美食。对于那些远游的人而言，一个野菜团子就是故乡独一无二的味道。

◎ 鸡蛋

◆ 一、"求子"食俗 ◆

简狄吞蛋、玄鸟生商的故事反映了自远古时起，人们就一直将蛋、卵形、鸟形的东西视为生殖的象征。由于清明节蕴含着上巳的求子俗信，因此清明食俗中也有大量与鸡蛋、鸟形有关的食物。

一、鸡蛋

鸡蛋在清明节食俗中扮演的角色，如同粽子之于端午，月饼之于中秋，现在全国各地还都盛行着清明吃蛋的风俗。在古代，人们不仅吃蛋，还拿它作游戏，当礼物。

元稹《寒食夜》诗云："红染桃花雪压梨，玲珑鸡子斗赢时。"骆宾王更有《镂鸡子》诗云："幸遇清明节，欣逢旧练人。刻花争脸态，写月竞眉新。"南朝时已有斗鸡与斗鸡蛋之戏，《荆楚岁时记》便记寒食"斗鸡，镂鸡子，斗鸡子"。注引《玉烛宝典》卷二云："此节城市尤多斗鸡之戏，《左传》有季郈斗鸡，其来远矣。古之豪家，食称画卵，今代犹染蓝茜杂色，仍加雕镂，递相饷遗，或置盘俎。"在古代，用作寒食节的鸡蛋多是染色过的，十分精美，可以当成礼物相互馈送。画蛋之俗，源于《管子·侈靡》中提到的"雕卵"。无疑这个风俗也是由上巳食卵求生育的巫术发展而来的。

直到现在，全国各个地区都保留着清明吃鸡蛋的风俗。在台湾有些地区，上亲人坟一定要吃象征着生殖和再生的红皮鸡蛋，并

○ 花馍

且要将蛋壳洒在坟墓上，以讨吉利。在辽宁大连城乡，清明还有做蒸鸡蛋菜的习俗：选用盐渍的大白菜切碎后与鸡蛋搅和，放在锅里蒸煮。晋南人过清明时用白面蒸大馍，中间夹有核桃、枣儿、豆子，外面盘成龙形，龙身中间一定要放置一个鸡蛋，名为"子福"。上坟时，将"子福"献给祖灵，扫墓完毕后全家分食之。东北俗谚："清明不吃蛋，穷得乱战战。"城乡小儿间大多保存着"斗蛋"的习俗。清明节到了，孩子们兜里装着几个彩色的蛋，大伙儿见了面，就拿出蛋来，互相撞碰鸡蛋作为游戏，谁的鸡蛋先碎，谁就输了。同时碎蛋也被瓜分了，经过"斗蛋"洗礼的鸡蛋可能格外香吧。

二、子推燕·蛇盘兔

蒸馍在黄河流域是一种古老的传统。北方盛产小麦，于是就出现各种花样的馍，称为"花馍"。花馍，不同地区叫法不同，也有称面塑、面花等。心灵手巧的妇女，用发酵的小麦粉捏制成各种人物、物品、动物、花卉等造型，用红枣、红豆、黑豆、花椒、绿豆等加以点缀，放入锅内蒸熟，趁其柔软时再用食用色素施以彩绘，好看的花馍就算做成了。这些极具地域特色的花馍既能食用，又能作为礼物馈赠亲友。有的地方娘家要给当年出嫁的女儿送花馍，称之为送寒食。

每到清明节上坟的日子，各家各户都开始蒸花馍，其中比较常见的是"子推馍"或者"子推燕"。太原风俗，以介子推三月三日被烧死,故有寒食禁火之说,唐高祖起自晋阳,故尚仍旧俗,清明日为蒸食如馒头,而方其角,名曰子推,以志不忘。有的"子推馍"有点类似古代武士的头盔,有的重达一斤,里面包着鸡蛋或红枣,顶子四周贴着各种面面塑的小馍,形状有燕、虫、蛇、兔或文房四宝。各种身份的人享受各种形状的馍,男人们吃圆形的子推馍,已婚妇女吃条形馍,未婚姑娘则吃抓髻馍,孩子们享受各种小动物形状的面花。有的人家将各种小面花串起来,风干的面花,能保存到第二年的清明节。最常见的该是做成燕子形状的子推馍了。孟元老《东京梦华录》卷七记道:"京师以冬至后一百五日为大寒食,前一日谓之炊熟。用面造枣䭅飞燕,柳条串之,插于门楣,谓之子推燕。"

据《山西民俗》第六章饮食民俗之"岁时饮食习俗"记载,在寒食节前几天,山西吕梁地区和陕北等地的妇女们就忙着蒸制"子推燕",俗称"捏燕燕"或"蒸面燕"。妇女们用发好的白面制成各种各样的动物,其中最多是雀燕,嵌上花椒做眼睛,在点上红胭脂,蒸熟后用细

花馍

○ 燕归

线一个一个串起来，中间间隔红枣，或者挂在墙上，或者订在酸枣树条上。

　　为什么北方百姓那么喜欢燕子的形状呢？有人说是为了庆祝春回。清嘉庆《滦州志》有云："男女簪柳，复以面为燕，著于柳枝插户，以迎玄鸟。"玄鸟就是燕子。对北地百姓而言，燕子回到北方，就意味着春天的到来。所以，柳条穿燕是北地屋檐下春天最美丽、最吉祥的风景。其实，面塑燕雀乃是民间生殖崇拜的体现。郭沫若先生在论"玄鸟生商"神话时就说，旧时玄鸟（燕子、凤凰、鹊等鸟类的统称）实际上都是男根的象征物。"子推燕"外形如燕鹊，却冠以"子推"之名，可以看出上巳与寒食的结合。

　　山西的清明面食中还有一种花馍是"蛇盘兔"。当地妇女用面捏成一条大蛇盘着一只小兔子的造型。山西、陕西以及甘肃某些地区谚语有云"蛇盘兔，年年富"之说。"蛇盘兔"的剪纸纹样也在该地区被视为吉祥图案。在一般人看来，蛇盘兔是一个恐怖的景象，但是在北方"蛇盘兔"则被视为吉祥幸福的象征。据山西省艺术馆1986年编的《浮山剪纸誉满三晋》介绍，蛇兔代表了原始社会两个以兔和蛇为图腾的部落，两位明智的酋长怜惜生灵，通过谈判，避免了战争，合并为一个部落，从此兴旺发达强盛起来。从此"蛇兔团结"传为佳话，并形成了"蛇盘兔"的大吉大利图案。另外，明人叶盛《水东日记》卷二则将"蛇盘兔"解释为一种风水现象：

"居庸以北，俗择葬地以验蛇盘兔为上。"在堪舆学中，"蛇盘兔"是一种比较吉利的墓地地形走势。盼得好兆头是人之常情，因此"蛇盘兔"也成为北方地区广为流行的花馍式样。不过，笔者以为，"蛇盘兔"应该也是古人生殖崇拜的艺术体现，在十二生肖中，蛇是男性的图腾象征，而兔子是月亮的象征，不仅属阴，也以繁殖力强著称，旧时多女子拜月，是为求子。因此，"蛇盘兔"似乎理解为阴阳和合、融洽多子更为合适。

◆ 二、"尚青"美味 ◆

清明风至，草木复苏，此时象征着春天回归的燕子与绿色的植

○ 清明粑粑

物最招人喜欢。出于通感巫术，古人将燕子的颜色、植物的颜色与生命结合在了一起。因此，形成清明的"尚青"食俗。"尚青"食俗主要有几种体现：有意将食物用植物染成黑色；或者将春天

的植物剁碎,再与米粉或者面粉糅成各种绿色菜团;还有祈求五谷丰登的食麦(麦苗、麦谷)习俗。据《礼记·月令》记载,孟春、仲春、季春三时,天子都要"乘鸾路,驾仓龙,载青旗,衣青衣,服仓玉,食麦与羊"。吃着带有春天特有清香的食物,仿佛也吸收了大自然的勃勃生气,难怪民间对春天的食膳尤为重视,将其视为增阳气、益体力的重要时令。

一、清明果·艾饺·清明狗·青团

江浙沪一带每到清明,都兴吃一种叫清明果的食物,清明果又称清明团子。它用鼠曲草或艾草来做,染得碧绿玲珑。用鼠曲草做的清明果为淡绿色,气味清香;用艾草做的清明果为深绿色,有股浓郁的艾香味。清明果外形有的如饺子,有的则用模具压制成饼。每到清明时分,鼠曲草在田野里蔓延开来,俗称其为清明草、佛耳草、寒食菜、绵菜等,叶如菊而小,开絮状小黄花。据《本草纲目》说,它有化痰、止咳、降压、去风的功效。艾草,又名香艾、蕲艾、艾蒿,有浓郁的香味,也是乡间常见的多年生草本植物。每年清明前,女人们手提竹蓝,三五成群来到田野地采摘鼠曲草或艾草,青青鲜鲜的叶子采回家后,便开始了繁杂的制作清明果的工序。首先将草捣烂,再与米粉搅伴在一起变成碧绿色的粉团,这就是清明果的皮子,清明果的馅也很讲究,有甜的糖豆沙,或者咸的萝卜丝与春笋等时令蔬菜,条件好的人家更是花样繁多。包清明果和包

◦ 青团子

饺子类似,一个个碧绿剔透的清明果有着花边一样的褶折。清明果蒸熟后,其色青碧透明,是色香味俱全的佳品。用艾草叶做出类似的食品也叫"艾饺",在福建、广东和台湾民间也有在清明节用艾草制作饼的风俗,称之为"艾草粿",与江浙一带比较,仅仅是外形以及馅料有所不同而已。潮汕地区另有吃"朴籽粿"的风俗,那里有一种朴籽树,叶子呈椭圆形,果实大如绿豆,味甘甜。传说这种树叶曾经帮助前人度过饥荒之年,为了不忘物质贫乏的艰难岁月,潮汕人便在清明节采朴籽树叶,和米舂捣成粉,再用模具蒸制成味道甘美的朴籽粿。

　　浙江杭嘉湖等地区在清明节时有做"清明狗"的习俗。用嫩莲拌糯米粉或者用糯米粉糅合嫩蒿草做成栩栩如生的小狗儿样,即"清明狗"。按习俗家里有几口人便做几只清明狗,然后在阴凉干燥处挂起来。直至立夏,才取下来烧在饭里,故也有称清明狗为"立夏狗"的。俚语云:"吃了清明狗,一年健到头。"全家人一人只能吃一只。

　　顾禄在《清嘉录》卷三提到三月间"市上卖青团"。青团子是苏南一带祭祀祖先的必备食品,也是很典型的清明食品。青团子是用一种叫"浆麦草"的野生植物春烂后挤压出汁,然后用这种汁水与水磨糯米拌匀揉和,然后制作成扁平的团子。团子的馅一般由猪油、糖豆沙或者枣泥制成,青团子入笼蒸熟,出笼时用熟菜油均匀地刷在每个团子的表面,讲究一些的在每个青团子下面垫上一片粽叶。刚出笼的青团子最为美味,翠绿如玉的青团子一口咬开,露出晶莹透明的小块猪油和褐色的豆沙馅。弹性十足的米团与甜而不腻、肥而不腴的馅料糅合在一起,是令人食之不忘的江南名点。总之,采用春天新生的嫩叶与米粉混合在一起做成时令食品的习俗全国都有,只是名字有点不同:在浙江叫清明果,在苏南叫青团子,在贵州叫清明粑,在泉州叫清明馃,在福建叫鼠曲果……总之,这是人们与春天最为感性的亲密接触。

二、乌饭

民间还喜欢在清明时节吃乌饭。乌饭,又谓青精饭。《岁时广记》卷十五引《零陵总记》提到青精饭说:"杨桐叶,细冬青,临水生者尤茂,居人遇寒食采其叶染饭,色青而有光,食之资阳气,谓之杨桐饭,道家谓之青精。"杜甫《赠李白》诗云:"岂无青精饭,使我颜色好。"染乌饭的主要植物是南天烛,江苏溧阳地区还加上一种叫金刚刺的植物,将植物的茎叶捣烂,在冷水中浸泡,然后过滤去渣,再将洗净的糯米浸入乌饭叶汁内,大约三四小时,当米染成黑色后,放入锅中煮熟,然后洒上白糖或者猪油,即可食用。食乌饭一般在旧历四月初八,相传此日为释迦牟尼诞辰。因此,乌饭据说为了供佛。另外一个关于乌饭的起源与佛教传说中"目连救母"有关,溧阳民间相传释迦牟尼十大弟子之一目连的母亲,被关在牢狱中。目连每餐烧了饭菜送去,都被那个穷凶极恶的看守夺走吃尽,在焦急中,目连到山上采来乌饭叶煮成乌饭送到牢中。看守见到这黑不溜秋的米饭,掩鼻而过。目连的母亲因此就能吃到清香而有营养的米饭。闽东畲家也有吃"乌稔饭"的习俗,每年三月初三畲族人要采集当地一种野生植物乌稔的树叶,捣碎后用布包好放入锅中,加水煮成汤,流出黑汁,然后捞出布包,放入糯米,蒸成乌饭。吃时如果用猪油炒热,更为可口。传说畲族人民为了纪念民族英雄雷万兴抗击官军的胜利,于每年农历三月三日蒸煮乌米饭祭祖,以后日久相沿,成为畲家的习俗。另外,广东东莞地区有清明用糯米和枫叶煮黑糯米饭的习俗,这种黑糯米饭用以祭祖,然后全家一起分享。

◆　三、寒食遗风　◆

一、粥

寒食食俗对清明的影响非常大,各地清明食俗尽管不一致,可禁火、冷食的风俗,在全国各地仍然有明显的痕迹,中国北方是寒食节俗的发源地,直到现在很多北方地区每逢清明前一天,仍然保持着吃熟食的食俗。旧时寒食、清明主要吃粥。因为粥冷却凝固成半固体食物,就可以成为可以冷食的食物,范仲淹就有"划粥

◎ 卖糖粥（选自《太平欢乐图》）

断齑"的故事。范仲淹小时候曾在长白山(今山东邹平县南)醴泉
寺读书,因家庭贫苦,每天只能煮一盆薄粥,划作四块,早晚各两
块,切一点菜根,加一点盐当成菜吃。可见粥凝固后冷食是有传统
的。据《邺中记》、《荆楚岁时记》、《玉烛宝典》等记载,古人寒食
有一种食品称"醴酪"。从字面上看,醴是一种甜酒,酪是用乳汁
制的半凝固状食品。古人寒食吃的"醴酪"应该是谷类制作的甜
粥。韩鄂《岁华纪丽》卷一解释说:"醴酪,大粳米或大麦为之,即
今之麦粥,醴即今之饧是也。"讲究的人家则将杏仁研成粉,和大
麦或者米一起煮,最后淋上糖稀。可以想象,这是一种让人回味细
腻甘美的食品,难怪让人恋恋不忘。沈佺期《岭表逢寒食》诗云:
"岭外无寒食,春来不见饧。洛中新甲子,何日是清明。"李商隐《评
事翁寄赐饧粥走笔为答》诗云:"粥香饧白杏花天,省对流莺坐绮
筵。"王易简《齐天乐·客长安赋》词曰:"柳色初分,饧香未冷,正
是清明百五。"据《东京梦华录》记载,当年寒食节街上到处都是
卖这类稠粥的。

　　另外,还有比较风雅的"杨花粥"、"桃花粥"。冯贽《云仙杂记》
卷一记洛阳人家"寒食装万花舆,煮杨花粥"。"桃花粥"也是唐代
寒食流行的食物。寒食节前后,采摘鲜桃花,配上好米煮成粥即可。
清明时节正是桃花盛开的季节,桃花还是一味很好的美容药材,崔
护有"人面桃花相映红"之咏。《备急千金要方》卷二十一记采桃

○ 馓子

花三株,阴干为末,空腹饮用,能"细腰身"。可见桃花确实能给人增色。这个风俗一直流行到明末。孔尚任的《桃花扇·寄扇》一出就有这样的唱词:"三月三刘郎到了,携手儿下妆楼,桃花粥吃个饱。"当然,对于大多数现代人而言,浓若牛奶的"醴酪",艳如胭脂的"桃花粥",只存在于故纸堆中,在物质丰富的现代社会里,它们美丽拗口的名字和他们的味道一样逐渐消失在历史的记忆中。

二、馓子

我国南北各地清明节均有吃馓子的食俗。"馓子"为一种油炸食品,香脆精美。"馓子"又名"环饼",古人谓之"寒具"。苏轼曾作《寒具》诗赞之:"纤手搓来玉数寻,碧油轻蘸嫩黄深。"由于馓子是面粉经油炸过,可以保存多日,所以是寒食禁火日的必备食品,故名为"寒具"。由于馓子有许多环,所以又叫"环饼"。馓子的一般做法是将精面粉加入盐水糅合,反复搓压后,捻成粗细匀称、盘连有序的环状物,待锅中油热时将其放入油锅中炸至金黄色,捞出晾干,即可食用。馓子在古代时起不仅仅作为寒食的食品,也常用于待客。关于馓子还有一个有趣的小故事:"桓玄好蓄法书名画。客至,尝出而观。客食寒具,油污其画,后遂不设寒具。"(《东坡诗集注》卷十一引《续晋阳秋》)南朝的桓玄喜欢收集各种书画,有一次家里来了客人,他便取出一幅画,请客人欣赏,那位客人正吃着美味的馓子,一不小心,馓子油滴落到画上,这叫主人好不懊恼,一气之下,以后再也不用馓子招待客人了。

全国各地都有馓子,只是形状有所不同,有的做成麻花状,有的做成梳子形,有的做成菊花形。馓子的吃法也很多,如江苏淮安一般将其浸入水中泡软食用,因此称之为"茶馓"。江苏徐州的油炸馓子也很有名,以其香脆、咸淡适中、馓条纤细、入口即碎的特点,赢得人们的喜爱。因出售时多扎成蝴蝶形,故又名"蝴蝶馓子"。徐州民间常用馓子泡汤,配以延胡索、苦楝子治疗小儿小便不通;用地榆、羊血炙热后配馓子汤送下,治疗红痢不止;产妇则在月子里喝红糖茶泡馓子,以利于散腹中之瘀。北方各少数民族都爱吃馓子,如维吾尔族、哈萨克族、东乡族、撒拉族等都有节日作馓子的习俗。北地馓子以宁夏回族的馓子为佳,有"回回的馓子甜又脆"一说。每逢开斋节、古尔邦节等民族节日,回族人家都要炸制馓子招待客人,馈赠亲友。

◆　四、春令鲜馔　◆

一、春饼·润饼菜

春饼的历史已有二千多年了,春饼又叫荷叶饼、薄饼,是一种烙得很薄、口感柔韧耐嚼的面饼。春饼有很多形式与别名,北方人多称之春饼,东南地区多称之为春卷,华南地区多称之为"润饼菜"，这种食品最基本的特点，就是用面饼卷上春天各种时令菜，如豆芽菜、韭黄、粉丝"合菜"一起食用。春饼皮和合菜同放在一个盘子里，称做"春盘"、"五辛盘"。关于春盘的记载，《岁时广记》卷八引唐《四时宝镜》说："立春日食芦菔、春饼、生菜，号春盘。"在唐代已经有了由春饼和合菜共同构成的"春盘"。杜甫《立春》有"春日春盘细生菜"之句，苏轼《送范德孺》也咏道："渐觉东风料峭寒，青蒿黄韭试春盘。"立春日除吃春饼外，民间还讲究要买些辛甘发散之特质的食物，如萝卜、荠菜、青蒜等，让身体顺应冬春之交的天时，俗称"咬春"。

闽粤地区则是在清明吃春饼，海陆丰、漳州、泉州等地区都很盛行清明食薄饼，海陆丰地区的春饼通常分为咸甜两种，咸馅是用豆芽、韭菜、蛋丝、肉丝、鱿鱼丝、香菇丝等，甜馅是用"糖葱"，乃是白糖和麦芽糖经过特殊加工而成的，雪白松脆，入口即散。关于闽粤地区在清明吃春饼有个传说：清初，郑成功之子率兵进攻漳州城，可是清军固守难攻，将士伤亡惨重，众多的死难者无棺可殓，只能席卷以葬。战后，人们为纪念这些席卷而葬的将士们，制薄饼卷菜于清明食之，以为纪念。泉州清明节的传统食物之一"润饼菜"也是一种春饼，以面粉为原料擦制烘成薄皮，俗称"润饼"或"擦饼"，再卷胡萝卜丝、荷兰豆丝、小水丸、海蛎煎、炸豆腐丝、肉丝、芫荽等事先炒熟了的混锅菜肴，撒上海苔末、花生末、炸米粉等，有

◎ 河豚

的还可以沾点甜酱或辣酱,即可食用。

二、刀鱼·河豚·清明螺

烟雨三月的长江下游沿岸,刀鱼和河豚都是不可错过的江鲜。有谚语为证:"河豚来看灯,刀鱼来踏青。"光绪《通州志》这样记道:"鮆鱼,俗名刀鱼,在海名黄雀鱼,仲春由海入江,鲜白如银,长如匕首。"关于刀鱼的鲜美,古来有名。《崇川竹枝词》就咏道:"待到刀鱼新上市,清明时节不禁烟。"就是说,刀鱼的鲜美,让人忍不住寒食开禁。春天江水涨绿的时候,成群结队的刀鱼从海洋洄游而上,来到长江水域产卵,形成了一年一度的鱼讯。此时进入长江的刀鱼,体肥鲜美,个大脂肪多,再往后的刀鱼,相对来说就体小脂肪少,吃起来也没有那么鲜嫩。另外,据说清明前刀鱼的骨软如绵,有"肉中细骨如毛"之说,清明后鱼骨则硬似铁,民间有"过了清明,不食刀鱼"的俗语。刀鱼可清炖,可红烧,还可以将去骨刀鱼做成美味的面浇或者馄饨馅。

苏轼《惠崇春江晚景》诗云:"竹外桃花三两枝,春江水暖鸭先知。蒌蒿满地芦芽短,正是河豚欲上时。"清明前后是河豚鱼最肥美的时候,肉味美,蛋白质和脂肪含量最丰富,因此清明河豚一直是美味的代名词。然而河豚的血液和内脏有剧毒,因此"拼死吃河豚"是一件刺激的事。河豚最基本的吃法是红烧和奶汤,而在日本,更多的是河豚刺身。

　　清明时节,正是吃螺蛳的最佳时令,江浙一带为水乡尤好食之。若问那些饕餮客,为什么那么爱吃此物,十有八九会说,螺蛳这东西是"汤罐头里炖肉",鲜啊! 螺蛳是个便宜物,大多人只是将其当成过馋瘾的小菜。买个三五斤回去,挑出肉来,不过一斤不到。因此,主妇常常埋怨"十担螺蛳九担壳"。清明节前,水乡人都下塘摸螺蛳,因这个时节螺蛳还没有繁殖,螺肉最为肥美,故有"清明螺,抵只鹅"的说法。螺蛳食法颇多,可与葱、姜、酱油、料酒、白糖同炒;也可煮熟挑出螺肉,与韭菜等同炒。若食法得当,真可称得上"一味螺蛳千般趣,美味佳酿均不及"了。汪曾祺先生在《人间草木》之"四方食事"中回忆起幼年清明吃螺蛳的事情,他饶有兴趣地写道:"螺蛳处处有之。我们家乡清明吃螺蛳,谓可以明目。用五香煮熟螺蛳,分给孩子,一人半碗,由他们自己用竹签挑着吃。孩子吃了螺蛳,用小竹弓把螺蛳壳射到屋顶上,喀拉喀拉地响。夏天'检漏',瓦匠总要扫下好些螺蛳壳。这种小弓不作别的用处,就叫做螺蛳弓。"

　　三、清明野菜

　　从古代起,我国劳动人民就喜欢食用野菜,古代还有专门的二月初二"挑菜节"。挑菜是民间和皇室都喜欢的活动。周密《武林旧事》卷二记云:"二日,宫中排办挑菜御宴。先是内苑预备朱绿花斛,下以罗帛作小卷,书品目于上,系以红丝,上植生菜、荠花诸品。俟宴酬乐作，自中殿以次，各以金篦挑之。""春到百草知"，这也许是人们喜欢野菜的原因之一吧。

李渔曾说笋是"肥羊嫩豕"都不能相比的"蔬中第一品"。徐达源《吴门竹枝词》咏道："相传百五禁厨烟，红藕青团各荐先。熟食安能通气臭，家家烧笋又烹鲜。"清明前后正是食笋的最佳时节。春笋的食用方法很多，炒、烧、煮、煨、炖等均可。如白色的春笋丝和翠生生的莴笋丝一起凉拌生食，名为"小青青白娘娘"。江南人家最爱的做法是"腌笃鲜"，即将咸肉、春笋在砂锅里一起煮成汤，春笋吸收了咸肉的鲜咸味，特别鲜美。

辛弃疾《鹧鸪天》词云："城中桃李愁风雨，春在溪头荠菜花。"这是送给荠菜最美的赞歌。荠菜在很多人心中并不仅仅是普通的野菜，而是和童年、故乡联系在

◎ 采薇图（局部，南宋·李唐）

◎ 制作春笋

一起的名词。哪个小姑娘未曾垮着竹篮，在田埂或者郊野中寻找着还没有开花的嫩荠菜的？带着泥土芬芳的童年回忆都沾着荠菜的芳香。荠菜是传统的春令时鲜，早在先秦时代，《诗经·邶风·谷风》就有"谁谓荼苦，其甘如荠"的赞美。荠菜不仅口味甘甜，还有止血、止痢的药效，因此荠菜又被称为"护生草"。在江南，民间有三月三"荠菜花煮鸡蛋"的食俗，据说吃了可预防头晕。荠菜还多用于凉拌，将荠菜焯熟切碎，与香干细丁、虾米拌匀，淋上小磨麻油，即成香味浓郁的凉拌荠菜。荠菜还可以裹馄饨、包春卷、剁菜圆子等。

春日尝鲜蔬，怎么可以少了枸杞头？枸杞头，有地方称枸杞尖，即枸杞嫩芽。枸杞头也是我国古代人们锺爱的野菜之一。《诗经·小雅·杕杜》就唱道："陟彼北山，言其采杞。"枸杞头中含有丰富的种氨基酸、维生素与天然微量元素，还有清火明目的药用价值。春天新发的枸杞尖清脆可爱，苦中回甘，别有一股清香味道。嫩杞尖可以清炒、煲汤或者和鸡蛋一起炒。如果放入开水中烫一下，去掉苦味，迅速捞出切碎，加盐、醋、香油调拌成凉菜食之，则别具一番风味。

初春来到之时，清香诱人的马兰头也是人们的至爱。"泼辣"是马兰头的最大特征。古诗有云："马兰不择地，丛生遍原麓。碧叶绿紫茎，二月春雨足。呼儿竞采撷，盈筐更盈掬。"田梗、垄上或是马路边，到处能看见它的身影。马兰头是菊科多年生草本植物，叶质厚实，野生的马兰头茎略带红色，因此又名"红梗菜"。春天是马兰头嫩芽萌发的时节，人们最喜爱的吃法是清炒马兰头，或者五香豆腐干拌马兰头。袁枚在《随园食单·杂素菜单》中说："马兰头菜，摘取嫩者，醋合笋拌食，油腻后食之，可以醒脾。"

清明时节，柳条抽芽，不仅好看，还可以当成食品。《帝京岁时纪胜》记有三月"嫩柳叶拌豆腐"。《扬州市志》则记载，泰县蒋垛、张甸一带常用杨柳叶、荞麦面摊烧饼吃，称苦情可感动天神，保全家无灾。刘绍棠在《榆钱饭》中描写了在人们食不果腹的时代，那时柳芽儿、榆钱儿都是他们活命的口粮。采摘能食用的杨芽儿和柳叶儿要不能太嫩也不能太老，这对孩子而言也是一种技术活："杨芽儿摘嫩了，浸到

◎ 马兰头

◎ 香椿豆腐

开水锅里烫一烫会化成一锅黄汤绿水，吃不到嘴里；摘老了，又苦又涩，难以下咽。只有不老不嫩的才能吃，摘下来清水洗净，开水锅里烫个翻身儿，笊篱捞上来挤干了水，拌上虾皮和生酱作馅，用玉米面屪合榆皮面擀薄皮儿，包大馅儿团子吃。可这也省不了多少粮食。柳叶不能做馅儿，采下来也是洗净开水捞，拌上生酱小葱当菜吃，却又更费饽饽。" 嫩柳叶和面一起揉好，可以摊饼吃，还可以和鸡蛋一起炒。嫩柳叶还可以当茶叶喝，据说有清热，利尿，透疹，解毒的药用效果。

　　早春时节，香椿树吐出嫩红的芽叶——香椿芽，俗称香椿头。古人认为香椿是一种长寿的树，《庄子·逍遥游》云："上古有大椿者，以八千岁为春，八千岁为秋。"因此古诗中常以"椿萱"为父母的代称。春季香椿树抽发嫩叶，其嫩叶含有独特的芳香挥发油，香味浓郁，脆嫩甘美，自古以来就被当做上好的时令佳蔬。民间俗语说："雨前椿芽嫩如丝，雨后椿芽生木质。"香椿头最好的食用时期是在谷雨节气前，因此香椿芽上市的时间极短，只在清明前后采摘才为上品，因此民谚云："三月八，吃椿芽。"椿芽的吃法很多，常见的有椿芽炒鸡蛋、椿芽冷拌豆腐、椿芽拌黄豆、油炸香椿面鱼儿，还有勤俭的主妇将香椿芽用盐腌制，留作粥菜。

　　熟藕，吴地传统节令食品。顾禄《清嘉录》、周振鹤《苏州风俗》都记载了吴地在清明前后吃焐熟藕的习俗。苏州是水乡，藕是水乡的重要物产。《清嘉录》卷三在"青团焐熟藕"条目中解释，"焐"为吴方言，"谓煮食物得暖气而易烂曰'焐'"，就是用文火长时间的焖煮。焐熟藕的原材料多选用新鲜圆整的老藕，当然也有喜欢嫩藕的，如袁枚在《随园食单·点心单》就说："藕须贯米加糖自煮，并汤极佳。外卖者多用灰水，味变，不可食也。余性爱食嫩藕，虽软熟而以齿决，故味在也。"将生藕清洗干净后，将一端藕节切下，留待使用，然后将浸泡到米粒胀饱的糯米塞满藕孔，塞米也有讲究，不能过松，也不宜太紧，用筷子戳紧即可。然后将切下来

的藕节封上，用竹签节钉牢在藕段上。塞满糯米的藕段放入锅中，加入浸没藕段高度的清水，先用旺火煮沸，然后转文火焖焐，三四小时左右即焐熟。煮熟的藕段呈酱红色，镶嵌着玉般晶莹的的糯米，将其切

○ 焐熟藕

○ 春茶

○ 梨花白时

成薄片后，蘸上桂花糖卤或者白糖，真是香糯可口。南京人将藕放在粥锅里一起煮，叫"糖粥藕"，也别有清香滋味。

酒与寒食清明有着千丝万缕的联系。且不说唐人杜牧那首"杏花村"的千古绝唱，只要看看王禹偁的《清明感事》"无花无酒过清明，兴味萧然似野僧"，就从反面证明了在古代寒食清明饮酒是个重要的习俗。寒食清明饮酒一来是为了消解冷食寒气，有利健康养生，二来祭祀奠酒也是必不可少的内容。秋冬粮食收获后酿制的美酒，到了寒食清明期间正好饮用，这些酒统称为"春酒"。

"春酒"往往拥有很多和春天有关的名称，如《岁时广记》卷十五关于寒食食俗"供良酝"中提到的"荼蘼酒"与"梨花酒"。黄庭坚《观王主簿家荼蘼》有云："风流彻骨成春酒，梦寐宜人入枕囊。"白居易《杭州春望》亦云："红袖织绫夸柿蒂，青旗沽酒趁梨花。"它们以花冠名可能有几个原因,首先春酒成熟的时候正值某种花期,二来或因米酒那淡淡的乳白色让诗人想到了花的颜色。还有在酿酒的过程中,可能掺入了春花,以增加美酒的味道。杨万里在《走笔谢张功父送白荼蘼》中就有"碎挼玉花泛春酒,一饮一石更五斗"之句。"开到荼蘼花事了",暮春时节,一架白色的荼蘼浓香四溢,人们将荼蘼花风干捻碎再用酒浸闭。我们可以想象,荼蘼酒、梨花酒是多么具有诗意的酒,这种春酒怎么不令人陶醉?

清明有酒,更不能少茶。对茶农而言,清明是个重要的节气,"明前茶"是我国长江流域的茶农按节气对茶的一种称呼。春茶共分四档,清明前采摘的春茶,即为"明前茶"。"明前茶"芽叶最为细嫩,香气馥郁,汤色明亮,品质上佳。越往后去,茶叶就愈加粗老,品质渐差。但由于清明前气温普遍较低,茶树生长速度较慢,发芽数量有限,因此能达到采摘标准的产量很少,"明前

◎ 明前茶

◎ 采茶姑娘

茶"数量少,质量佳,自然价格不菲。

在古代,还讲究一种"火前茶","火前"即指禁火节(寒食节)前,寒食节一般在清明节前一天,因此"火前茶"实际上就是"明前茶"。但是好摆谱的皇帝偏生挑剔这一两天。传说清高宗弘历下江南,到杭州龙井茶的产地观看龙井茶的采制,曾作诗《观采茶作歌》,有云:"火前嫩,火后老,惟有骑火品最好。"这从侧面告诉我们,清明节气对春茶的质量有着重要的影响。

游子寻春半出城：清明乐事

芳草绿野恣行事，春入遥山碧四周。

兴逐乱红穿柳巷，固因流水坐苔矶。

莫辞盏酒十分劝，只恐风花一片红。

况是清明好天气，不妨游衍莫忘归。

——程颢《郊行即事》

三月清明，吹面不寒杨柳风。春已过半，大自然到处呈现出一派生机勃勃的景象，燕子回到了檐下，野风吹香了桃花，江水涨绿，鱼儿甩着银色的尾巴嬉戏。红男绿女在春天的怀抱中，簪柳戴花，盛装出行。在微醉的春风中，人们跌倒在大自然的怀抱中，各种各样的狂欢游艺也使人们暂时忘却了生命的短暂与生活的愁苦。

◆ 一、踏青·放风筝 ◆

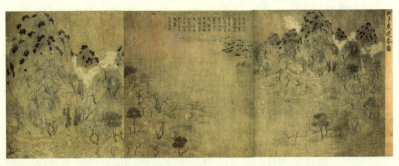

○ 游春图（隋·展子虔）

"四野如市,往往就芳树之下,或园圃之间,罗列杯盘,互相劝酬。都城之歌儿舞女,遍满园亭,抵暮而归。"《东京梦华录》卷七记载的这段文字说,时人在墓祭以后不急着回家,因为还有一个重要的节目没有开始呢。扫墓以后,人们就在开满鲜花的树下或者园林中坐定,享受着春天美丽的景色,然后将带来的菜肴美酒一溜儿摆开,觥筹交错,美美地吃喝起来。在这个日子里,整个都城歌舞沸天,如同集市,红男绿女,一直玩到日薄西山才回家。这种春日在野外游玩的活动就是踏青。

从古到今,踏青都是清明最为重要,最为诗意的活动之一。踏青,又叫春游、探春、寻春,今天则多称为春游。因全国各地春回大地的时间不一,因此各地踏青的时间也有先有后。南方早在二月即可踏青,中原地带三月走出家门,北方的春天来得晚,踏青活动可迟到旧历四月、五月。据记载,踏青之俗早在先秦上巳就已经在黄河流域兴起,《诗经》中大量男女相谑、春日嬉游的诗歌就是上巳古风的呈现。到了唐代,寒食的节俗活动向更多的娱乐性活动发展。由于寒食清明有了长达数日的假期,人们就将祭祀安排在一两天内完成,而将剩下的时间进行一些有益身心的野外游艺活动,并慢慢形成了固定的习俗。寒食上墓本是追本思源的悲情活动,而踏青游艺则是追求身心放松的娱乐。张岱在《陶庵梦

◎ 烟花三月

忆》卷一记道："越俗扫墓，男女袿服靓妆，画船箫鼓，如杭州人游湖，……鼓吹近城，必吹《海东青》、《独行千里》锣鼓错杂。酒徒沾醉，必岸帻嚣嘈，唱无字曲，或舟中攘臂，与侪列厮打。自二月朔至夏至，填城溢国，日日如之。"并批评说这是"厚人薄鬼"的行为。因为寒食行乐与"慎终追远"相悖，因此，《唐会要》卷二十三记载了唐高宗龙朔二年（662）四月十五日下诏禁寒食行乐之风："或寒食上墓，复为欢乐，坐对松槚，曾无戚容。既玷风猷，并宜禁断。"然而人终究是从自然中进化而来的，越是文明化程度高，对自然的向往就越强烈，于是没有多久就变禁为疏，开元二十年（732）敕寒食上墓为五礼之一，这条禁令就不了了之了。

　　为什么在纪念过世亲人的时节，人们会将欢情与悲情融合在一起呢？这和中华民族旷达辩证的生死观有关，是一种寄托在香火之上的生命意识。民间认为人来自黄土又归于黄土，生死是一个自然的循环过程，只要是尽寿而终，不是早夭，就不是很令人悲伤的事情，至于高寿而亡，也是一件喜事。既然如此，祭奠寿终的亲人和祖先，就不是一件真正悲伤的事情，而是一种表达孝敬和思念之情的生命仪式。因此，民间很多地方的哭坟，也是按礼法所为的仪式的一部分，即"哭而不泣"。还是唐人祖咏说得好："田家复近臣，行乐不违亲。霁日园林好，清明烟火新。"（《清明宴司勋刘

○ 江苏兴化油菜花节

郎中别业》）亲近大自然，就是享受祖先赐予的生命，这怎么算是一件忤逆的事情呢！

　　踏青的主要内容是"看野眼"，即吴语"东张西望"的意思。清明时节，踏青的人看山看水，看花看草，也看游春人。"花花草草惹人怜"，踏青游艺缘于人们感恩生命的美好愿望：人如青草年年发，踏遍青山人不老。绵绵芳草，年年重生，而人生死更迭，血脉延绵，正如青草衍生，万代不绝。福建地区今天仍在流行一首民谣："踏青草，踏青草，大家好呢呢，年年像青草。"清代苏州城有三月

○ 春看菜花

"游春玩景"的风俗，届时，游人给看园人少许钱，就能玩园林、看新芳、访古迹、赏古画、鉴古董，可谓是文化之游，称为一时之胜。《清嘉录》卷三记道："春暖，园林百花竞放……园中畜养珍禽异卉，静院明轩，挂名贤书画，陈设彝鼎图书……游玩天平、灵岩诸山者，探古迹，访名胜，兜舆骏马络绎于途。虎丘山下，白堤七里，彩舟、画楫，衔尾以游。"每年春天，苏人还要相约去看油菜花。万顷黄花像融化了的金子，在春野中四处流淌，这才能让人体会到什么叫春光烂漫。沈复《浮生六记》记载了一次吃着酒菜看菜花的快乐经历："苏城有南园、北园二处，菜花黄时，苦无酒家小饮，携盒而往，对花冷饮，殊无意味。或议就近觅饮者，或议看花归饮者，终不如对花热饮为快。……明日，看花者至，余告以故，众咸叹服。饭后同往，并带席垫。至南园，择柳阴下团坐。先烹茗，饮毕，然后暖酒烹肴。是时，风和日丽，遍地黄金，青衫红袖，越阡度陌，蝶蜂乱飞，令人不饮自醉。"

倾城而出"看野眼"的游春人，也意味节日消费。因此，清明

◎ 货郎图（元·无款）

节也吸引了不少做小买卖的商贩、卖体力的百戏艺人。出城进城的沿途，各色摊贩叫卖，形成了与乡村赶集一样的热闹风景。有卖各种本土特产、节令食品、儿童玩具的，有玩百戏挣点体力钱的。据田汝成在《西湖游览志馀》卷二十的记载，每到清明，苏堤一带，热闹非凡，"走索、骠骑、飞钱、抛钹、踢木、撒沙、吞刀、吐火、跃圈、筋斗、舞盘，及诸色禽虫之戏，纷然丛集。而外方优妓、歌吹觅钱者，水陆有之，接踵承应。又有买卖赶趁，香茶细果，酒中所需。而彩妆傀儡、莲船、战马、饧笙、鼗鼓、琐碎戏具，以诱悦童曹者，在在成市"。各色商品陈杂，自然也吸引了出来游春人。据《东京梦华录》卷七记载，那些墓祭后在郊野野餐的男男女女还要带点土特产回去，"抵暮而归，各携枣锢、饮饼、黄胖、掉刀，名花异果，山亭戏具，鸭卵鸡雏，谓之门外土仪"。

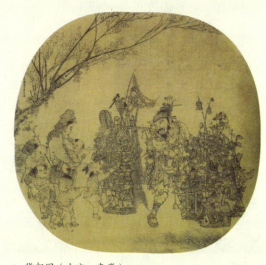

◎ 货郎图（南宋·李嵩）

春野上空，只要有一两只飘荡着的风筝，就会把所有踏青人的目光带走。放风筝的人放给看风筝的人看，看风筝的人看着放风筝的人笑。走过那些五颜六色的风筝店铺，总会把孩子的脚步绊住，年轻的父母每每在这个时候想起自己的童年，于是，在咯咯笑着放风筝的孩子堆里，父母们又做了一回儿童。

风筝最早起源于中国，这是不争的事实。英国学者李约瑟在《中国科学技术史》中得出这个结论，美国华盛顿航空和空间博物馆飞行馆中立着

○ 春景货郎图（明·吕文英）

○ 百子戏春图（宋·无款）

一块字牌，清楚写着"最早的飞行器是中国的风筝和火箭"。可以说，这是人类最早对飞行器的探索。

风筝最早被称做"鸢"、"鹞"或者"鸱"。关于风筝的起源，莫衷一是，有若干种版本。如传风筝早在先秦时代就出现了，据《墨子·鲁问》记载，公输子"削竹木以为鹊，成而飞之，三日不下"。鲁班，姓公输，名般，又称公输子、公输盘，春秋末、战国初的鲁国人，相传是木匠的祖师爷，乃著名的能工巧匠。唐人杨誉认同"鲁班说"，在他专门描述风筝的《纸鸢赋》中，提到"公输献状"，即认为风筝的最早雏形是鲁班设计的。另有一种说法是墨子发明了风筝，《韩非子·外储说左上》说："墨子为木鸢，三年而成，蜚（飞）一日而败。"第三种说法是汉人韩信发明了风筝，高承在《事物纪原》卷八中说："纸鸢俗谓之风筝，古今相传，云是韩信所作。"因为高祖刘邦讨伐陈豨，韩信"作纸鸢放之，测量未央宫远近"，计划用穿地道的方式攻入宫中。宋人曾敏行在《独醒杂志》中也持此论点。另外，还有李邺（一作业）说，郎瑛在《七修类稿》卷二十二中断言："纸鸢本五代汉隐帝与李业所造，为宫中之戏者。而《纪原》以韩信为陈豨造放，以量未央宫之远近。又曰侯景攻梁台城，内外断绝，羊侃令小儿放纸鸢，藏诏于中，以达援军。二说俱不见史，且无理焉。……其为李业所始无疑。"郎瑛认为上面所说的两种风筝军用功能实不可信，但是他认为风筝就是李邺发明的一种玩具。

　　从文献上看,墨子发明的木鸢与后世牵线借用风力的风筝相去甚远,前者更加类似一种机械装置。因此,徐艺乙在《风筝史话》里认为,"木鸢有可能是一种模仿鸟类飞行的飞行器,与我们所说的风筝是不同的"。但是,由于墨子与鲁班都是战国时代主要的发明家,从后人的心理角度而言,也会倾向于将历史悠久的风筝归功于他们二人。至于韩信说,则只能姑妄听之了。韩信的时代尚未发明纸,哪里能够做纸鸢呢?至于风筝载人更是虚构的。至于李邺说,则有较多文献告诉我们,五代前早就出现了成熟的风筝。何

◎ 十美放风筝图(天津杨柳青年画)

◎ 春风得意（天津杨柳青年画）

人发明创造了风筝？"起码到目前为止，风筝的发明者还是不能确定的。其实，如同历史上许多技术发明一样，风筝的发明者并非一定是某位历史名人，而应当是群众的智慧"。

　　在考证发明者无果的情况下，至少还可以从纸的出现年代推测风筝的产生年代。于培杰《风筝起源》认为，"纸鸢"必然是在造纸术发明并普及到一定程度之后出现的。西汉早期就出现了用大麻和苎麻制成的"灞桥纸"，其质地很粗糙，直到东汉时期，蔡伦才制作出质地比较优良的纸，他将第一批产品献给了汉殇帝刘隆，时间是延平元年（106）。但这种纸就连一般士人都没有资格使用，更不用说庶民百姓了。在蔡伦纸问世一两个世纪后，帛、简仍然是重要的书写材料，直到公元三、四世纪，纸才得到普及，并取代了帛与简成为主要书写材料。因此，风筝的产生时间应该在魏晋时期。

　　到底是什么激发了人们发明风筝呢？答案也是五花八门的。或说，风筝的灵感来自劳动，如"弋射说"（刘敦愿《试论中国风筝之始见与始作问题》），弋射即狩猎者用带绳子的箭射鸟。或说，来自风帆的启发（徐艺乙《风筝史话》）。或说来自生活常识，"斗笠"说或"斗篷说"，即农夫在田间劳动，偶尔被风吹掉斗笠，就急忙抓住系带，斗笠就飘飞起来，在这一现象的启迪下，人们发明了风筝。四角拴线的帐篷被风吹起的情形与此相同，因此"帐篷"说与"斗笠"说可归于一类。（于培杰《风筝的起源》）或说，纸鸢是

○ 放纸鸢（丰子恺）

受"风吹物动"这种自然现象的启发、对风力的认识和利用的结果（张基振、虞重干《中国风筝的几点历史考证》），如"鸢旗说"。据《礼记·曲礼上》记载，古代行军时"前有尘埃，则载鸣鸢"，而鸢旗则来自"相风鸟"，传嫘祖发明养蚕，为驱赶鸟雀，"侧以篾为骨，缀以干树叶，做成鸟雀的天敌鹞状，以丝牵之，借地气升腾将假鹞送上天空。中国远古时候人们发明了一种向风仪—相风鸟。相风鸟就是将鸟儿去掉内脏，充之以草，立于竿头，人可以根据鸟羽飘飞的方向以判定风向。按：相风鸟后来又发展为鸢旗"。有学者支持这一论点，认为鸢旗正是风筝的祖先，并且只有这个论点才能解释"为什么风筝最早被称为'鸢'，而且总是和战争有关了"。

上述文献告诉我们，古人一直有将纸鸢运用在军事上的理想，或者说想象。虽然传说鲁班"尝为木鸢，乘之以窥宋城"（余知古《渚宫旧事》卷二）是"古代载人侦探机"的虚妄之言，但是从《南史·侯景传》的记载来看，人们可能尝试过用纸鸢来传递军事情报。梁太清三年（549）侯景叛乱，叛军包围了京都建康，梁武帝被困台城，与城外援军音讯隔绝，有个叫羊车儿的官员献上一策，把求援的敕令夹在纸鸢上，再顺风放出去，希望能飞达援军驻地，太子萧纲亲手放飞此纸鸢，因为当时纸鸢还不普及，叛军不知道这是什么怪物，以为是用以巫术的东西，就将它给射了下来。

从南北朝到唐一时期，纸鸢慢慢在民间流行，并且始分化其军事功能，渐渐致力于使人快乐，唐人罗隐《寒食日早出城东》有"不得高飞便，回头望纸鸢"之句，说明唐代已经有了寒食日到城外放纸鸢的游艺活动。值得一说的是，"风筝"这个词也是在唐代出现的。不过此"风筝"不是今天我们所说的"风筝"，而是今天说的风铃，那时还称之为檐马、风铎、风马儿。高骈《风筝》诗云："夜静弦声响碧空，宫商信任往来风。依稀似曲才堪听，又被风吹别调中。"司空曙的《风筝》则写得更为明白："高风吹玉柱，万籁忽齐飘。飒树迟难度，萦空细渐销。"因此，唐人理解的风筝"乃古殿阁之檐铃尔"（郎瑛《七修类稿》卷二十二）。真

◎ 春日放鸢图（清·徐绂臣）

○ 欠我风筝五丈风

正作为"纸鹞"同义词的"风筝"则出现在五代。《骈字类编》卷八引《询刍录》将"风筝"一词的发明权归与五代的李邺，"初五代汉李邺于宫中作纸鸢，引线乘风为戏。后于鸢首以竹为笛，使风入，作声如筝鸣，俗呼风筝"。我们可以明白，"纸鸢"变名为"风筝"，是因为五代李邺等人在纸鸢上加了些弦或笛之类的乐器，使它与风摩擦并发出如筝鸣一样的乐声。如此，"纸鸢"最终成了我们现在说的"风筝"。

到了宋代，清明放风筝逐渐成为一种特别为小孩喜爱的春季户外活动。自唐以来，诗中说到纸鸢、风筝时，多与"儿童"有关，如陆游《观村童戏溪上》诗云："竹马踉蹡冲淖去，纸鸢跋扈挟风鸣。"高鼎《村居》诗云："草长莺飞二月天，拂堤杨柳醉春烟。儿童散学归来早，忙趁东风放纸鸢。"孔尚任《竹枝词》云："结伴儿童裤褶红，手提线索骂天公。人人夸你春来早，欠我风筝五丈风。"宋代时，放风筝的花样也多了起来，如出现了竞技型的"斗风筝"活动，周密《武林旧事》卷三记道："桥上少年郎竞纵纸鸢，以相勾牵剪截，以线绝者为负，此虽小技，亦有专门。"《戚蓼生序本石头记》第七十回有一段"斗风筝"的描写："探春正要剪自己的凤凰，只见天上也有一个凤凰，因道：'这也不知是谁家的。'众人皆笑说：'且别剪你的，看他倒像要来绞的样儿。'说着，只见那个凤凰渐逼近来，遂与这凤凰绞在一处。众人方要往下收线，那一家也要收线，正不开交，又见一个门扇大的玲珑喜字，响鞭在半天如钟鸣一般，也逼近来。众人笑道：'这一个也来绞绞。且别收，让他三个绞在一处，倒有趣呢。'说着，那喜字果然与这两个凤凰绞在一处。三下齐收乱顿，谁知线都断了，那三个风筝飘飘飖飖都去了。"人们特别喜欢在清明时节放风筝。首先因为放风筝是一项治抑郁、去烦恼、泄内热的活动。放好风筝的要诀是人的身体各部位都必须和风筝的起飞降落相协调。在习习春风的郊野，人们随着风筝轻快的奔跑，还要反复抬头观望，气血运行就更加顺畅加快。宋人李石还认为放风筝有利于小儿泄内热："引丝而上，令小儿张口望视，以泄内热。"（《续博物志》卷十）

《帝京岁时纪胜》记道："清明扫墓，倾城男女，纷出四郊，担酌挈盒，

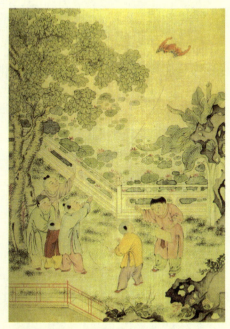

○ 百子团圆图·放风筝（清·焦秉贞）

轮毂相望。各携纸鸢线轴,祭扫毕,即于坟前施放较胜。"清代放风筝开始追求带亮带响的,甚至晚上也放风筝,"晚或系灯于线之腰,连三接五,曰'鹞灯'。又以竹芦粘簧,缚鹞子之背,因风播响,曰'鹞鞭'"。而且清明风很适合放风筝,"以春之风自下而上,纸鸢因之而起,故有'清明放断鹞'之谚"(《清嘉录》卷三)。这个"断"字,象征着风筝独特的祈禳功能。在古人那里,放风筝不但是一种游艺活动,而且最早来源于一种巫术行为。锺敬文先生认为,"从民俗史的角

◎ 风筝禳灾

◎ 鹞子风筝

度来考察,放风筝最早的原始意义,是具有巫术性质的……其最初的含义是为了转移病痛、邪恶,将一切不祥的灾祸放飞于天空"(《论娱乐》)。因此,从禳灾的意义上讲,放风筝与前章所述的日本三月三"流雏祭"类似,都应当是"放走",即谓"放断鹞"。所以古代很多人在清明节放风筝时,将自己知道的所有灾病都写在纸鸢上,等风筝放高时,就剪断风筝线,让纸鸢随风飘逝,象征着自己的疾病、秽气都让风筝带走了,俗谓"放晦气"。《戚蓼生序本石头记》第七十回有这样一段,说林黛玉舍不得将制作精巧的风筝放掉,李纨劝她:"放风筝图的是这一乐,所以又说放晦气,你更该多放些,把你这病根儿都带了去就好了。"《脂砚斋重评石头记》第七十回记紫鹃要去拾断了线落在院里的风筝时,探春劝道:"这会子拾人走了的,也不怕忌讳?"可见古时放风筝是人们消灾祛难的手段,不能去拾别人的风筝,以免沾上别人的晦气。

风筝既是一种美丽的民间工艺品,又是大众娱乐品,历来得到人们的咏唱,如净香居主人《都门竹枝词》对风筝有生动的描绘:"风鸢放出万人看,千丈麻绳系竹竿。天下太平新样巧,一行飞上碧云端。"清代戏曲家李渔还以风筝作为道具,写了一部《风筝误》传奇说年轻男女因为放风筝、拾风筝,造成了的一连串误会与巧合,最终赢得了好事多磨的两段好姻缘。

风筝还具有很高的工艺收藏价值。从唐人杨誉的《纸鸢赋》

◎ 金鱼风筝 ◎ 蝴蝶风筝

可知，唐代的风筝外形与扎制工艺已经接近现代的风筝，"蔡伦造纸，公输献状，理纤篾以体成，刷丹青而神王"，都是用纤细的竹篾扎成风筝骨架，糊上纸，施以丹青。因此，他惊叹道，一个风筝要好几个门类的能工巧匠才能完成呢。明人张大复《梅花草堂笔谈》卷二描述了精美的凤凰风筝能以假乱真："梁伯龙戏以彩缯作凤凰，吹入云端，有异鸟百十拱之，观者大骇。"至清代，风筝在扎、糊、绘、放四艺上发展到相当高的程度，潘荣陛在《帝京岁时纪胜》中记道："京制纸鸢极尽工巧，有价值数金者，琉璃厂为市易之。"北京、天津和山东潍坊都是著名的风筝产地。潍坊风筝在清代已以做工精良、色彩艳丽、形象逼真的特点闻名天下，乾隆《潍县志》就说："纸鸢其制不一，于鹤、燕、蝶、蝉各类外，兼作种种人物，无不惟妙惟肖，奇巧百出。"

◆ 二、斗鸡·斗草 ◆

斗鸡之戏，古而有之。每到春天的繁殖时期，公鸡为了争夺配偶，就会野性十足地相互厮斗。斗鸡是一门学问，什么样的公鸡会是常胜将军呢？南宋人周去非在《岭外代答》卷九中说："凡鸡，毛欲疏而短，头欲竖而小，足欲直而大，身欲疏而长，目欲深而皮厚，徐步眈视，毅不妄动，望之如木鸡，如此者每斗必胜。"好鸡也需要

○ 斗鸡

专业训练，周去非介绍说："人之养鸡也，结草为墩，使立其上，则足尝定而不倾。置米高于其头，使耸膺高啄，则头常竖而嘴利。割截冠绥，使敌鸡无所施其嘴。剪刷尾羽，使临斗易以盘旋。常以翎毛搅入鸡喉，以去其涎，而掬米饲之，或以水噀两腋。调饲一一有法。"到两鸡相斗实战时，不仅仅靠雄鸡本身的力量与主人平日的训练功夫，还要给公鸡一些装备。《春秋左传杜注》卷二十五记昭公二十五年（前517）的斗鸡之戏："季、郈之鸡斗，季氏芥其鸡，郈氏为之金距。"鲁国贵族们为了赢得斗鸡的胜利，真动足了脑筋。"芥鸡"有两种解释，一说把芥子捣碎，掺在鸡的肩腋羽毛中，当两鸡盘旋相斗，翻身刺啄时，芥子能眯敌鸡的眼睛，增加获胜的可能。二说是在公鸡的羽毛上使用辛辣的芥末，以刺痛敌鸡的眼睛。"金距"就是给公鸡戴上金属爪子。可见，古代的斗鸡活动是一种讲究策略的综合游戏。

斗鸡的风俗应该来自上巳的"浮卵"之风。蛋是生殖崇拜的象征，公鸡也兼有了神圣意义。公鸡还被视为具有"五德之禽"的义禽。《尔雅翼》卷十三解释说："古称鸡有五德，头戴冠者，文也；足傅钜者，武也；敌在前敢斗者，勇也；见食相告者，仁也；守夜不失时者，信也。"即公鸡是具有文、武、勇、仁、信五种美德的完美动物，因此也是古代男子汉的象征。谁在斗鸡活动中赢得了胜利，就意味着给主人挣来了脸面。谁输了，则可能演变为一件严重的事件。如上述季氏与郈氏因斗鸡结下了仇怨,季平子得罪了鲁昭公,郈昭伯就鼓动昭公进攻季氏。直到今天,斗鸡之风在东南亚一带都极为流行。汉朝时,越南就曾经投其所好给皇帝送来善斗之鸡。《西京杂记》卷四云:"成帝时,交趾越巂献长鸣鸡,……长距善斗。"其他盛行斗鸡的亚洲国家还有菲律宾、日本、越南、泰国、缅甸等。人类学家格尔兹就研究过风行巴厘岛的斗鸡活动,他的结论是巴厘岛上的斗鸡游戏,不仅仅是一种游戏与经济行为,它还象征了等级社会的荣誉和尊敬,斗鸡就男性的格斗的比拟活动,人们通过作为自我认同的雄鸡来确认自己的地位。他的结论也很适合我国先秦时代"季郈斗鸡"的故事呢。

斗鸡还是一个国家富强的特征,因为这意味着人民不仅物质生活富裕,而且有闲暇

◎ 斗鸡图（明·无款）

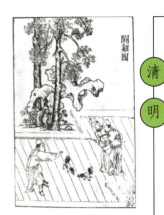

◎ 斗鸡图（选自《三才图会》）

游戏。《战国策·齐策》记齐宣王曾得意地向纵横家苏秦炫耀齐国的繁盛，"临淄甚富而实，其民无不吹竽鼓瑟、击筑弹琴、斗鸡走犬、六博蹋鞠者"。汉代时，人们把斗鸡视为重要的休闲方式。《汉书·食货志》云："世家子弟富人或斗鸡走狗马，弋猎博戏。"《西京杂记》卷二云"太上皇徙长安，居深宫，凄怆不乐。高祖窃因左右问其故，以平生所好，皆屠贩少年，酤酒卖饼，斗鸡蹴鞠，以此为欢，今皆无此，故以不乐。高祖乃作新丰，移诸故人实之，太上皇乃悦。"刘邦的父亲就很爱好斗鸡，后来刘邦当了皇帝，这个孝顺儿子为了逗父亲开心，特地在长安按家乡原样重建新丰，并把那些斗鸡的老友也都迁到了长安来。

斗鸡活动在唐代达到鼎盛时期，初唐时帝国的军事力量极为强大，使得上至皇室、下至平民都欣赏起斗鸡这种暴力流血的游戏。寒食观斗鸡是一项不可缺少的娱乐，爱好斗鸡的人往往将鸡放在路边就斗将起来，围观的人越多，公鸡则杀得越性起，主人也越得意。杜淹《咏寒食斗鸡应秦王教》诗云："寒食东郊道，扬鞲竞出笼。花冠初照日，芥羽正生风。顾敌知心勇，先鸣觉气雄。长翘频扫阵，利距屡通中。飞毛遍绿野，洒血渍芳丛。虽然百战胜，会自不论功。"唐玄宗、唐文宗、唐僖宗均爱好斗鸡。玄宗时，治鸡坊于两宫间，养了千数高冠昂尾、武装到爪子的雄鸡，备了专人训练饲养它们。一只善斗的雄鸡非常昂贵，一场高规格的斗鸡下来，

○ 明皇斗鸡图（南京·李嵩）

真是几家欢乐几家愁。如果谁的斗鸡屡战屡胜，获得了皇帝的欢心，没准就能人仗鸡势，获得一官半职以及荣华富贵呢。杜甫《斗鸡》云："斗鸡初赐锦，舞马既登床。帘下宫人出，楼前御柳长。"李白《古风》亦云："路逢斗鸡者，冠盖何辉赫。鼻息干虹霓，行人皆怵惕。"陈鸿传奇小说《东城老父传》，可以被视为唐传奇中的史笔。作品中的小儿贾昌，就是因为善于驯养斗鸡，得到了唐玄宗的宠爱，过上了鸡犬升天的日子，人称之"神鸡童"。时人歌咏道："生儿不用识文字，斗鸡走马胜读书。贾家小儿年十三，富贵荣华代不如。"（《神鸡童谣》）斗鸡还是一种让男男女女着迷的赌博活动，观者如堵，各赌一边，情绪之高一点也不逊于今日的赌球。赌彩有金钱和各种实物，五代花蕊夫人《宫词》有云："寒食清明小殿旁，彩楼双夹斗鸡场。内人对御分明看，先赌红罗被十床"。皇宫里举行斗鸡比赛，还用十床被子当作赌注，可见玩兴极浓。

唐以后，斗鸡之风一直延续。梅尧臣《晚泊观斗鸡》诗云："舟子抱鸡来，雄雄峙高岸。"可见连一般的船夫都爱好斗鸡。斗鸡不仅仅是贩夫驺卒所喜欢，文人也将它视为风雅的活动，张岱甚至还组织了"斗鸡社"，他在《陶庵梦忆》卷三中回忆自己热衷斗鸡的往事："天启壬戌间好斗鸡，设斗鸡社于龙山下，仿王勃《斗鸡檄》，檄同社。仲叔、秦一生日携古董、书画、文锦、川扇等物与余博，余鸡屡胜之。仲叔忿懑，金其距，介其羽，凡足以助其膈膊敹味者，无遗策。人有言徐州武阳侯樊哙子孙,斗鸡雄天下,长颈乌喙,能于高桌上啄粟。仲叔心动,密遣使访之,又不得,益忿懑。"民国初期,斗鸡仍是人们热衷的娱乐,南京还有一处老地名"斗鸡闸"。直到抗战爆发,民生凋落,斗鸡之风才渐渐衰落。近年来,随着传统民间节会活动的恢复,国内各地斗鸡游艺又见兴盛,人们又可以亲眼目睹到精彩的斗鸡比赛。

男子斗鸡,女子斗草。斗草又称斗百草,现代人对这个游戏大概感到陌生,但在古代它是儿童和女子流行的春天游戏。斗草源于何时?众说纷纭,郎瑛在《七修续稿》续稿卷四中说:"风俗斗百草之戏,独盛于吴。"并且根据刘禹锡诗"若共吴王斗百草,不如应是欠西施",推测斗草源于春秋时的吴王与西施。清人翟灏否定了这个论点,他在《通俗编》卷三十中说:"申公《诗说》以《苤苢》为儿童斗草嬉戏歌谣之辞,则周初已有此戏。"这是引汉代人申培对《诗经·周南·苤苢》的解释,说斗草之戏源于周代。这些说法都待进一步考证。南朝时民间已经有端午斗草的习俗,宗懔《荆楚岁时记》记道:"五月五日,四民并踏百草之戏。"这是古代典籍中较早的关于斗草的记载。但斗草之戏倒不拘于端午进行,如柳永《木兰花慢·清明》词云:"拆桐花烂漫,乍疏雨、洗清明。正艳杏烧林,缃桃绣野,芳景如屏。倾城。尽寻胜去,骤雕鞍绀幰出郊坰。风暖繁弦脆管,万家竞奏新声。盈盈。斗草踏青。人艳冶,递

○ 婴戏图册·斗草（清·佚名）

逢迎。向路旁往往，遗簪堕珥，珠翠纵横。欢情。对佳丽地，任金
罍竭玉山倾。拚却明朝永日，画堂一枕春醒。"晏殊《破阵子·春景》
词云："燕子来时新社，梨花落后清明。池上碧苔三四点，叶底黄
鹂一两声。日长飞絮轻。巧笑东邻女伴，采桑径里逢迎。疑怪昨
宵春梦好，原是今朝斗草赢。笑从双脸生。"这两首词都写到清明
时节的斗草。

斗草的玩法大概有两种，一种是风雅的"文斗"，在古代文学
作品中出现得比较多。"文斗"要求游戏双方能说出对仗的花草
名字。如《红楼梦》第六十二回里，香菱、芳官、蕊官、藕官、豆官等
四五个人坐在花草堆中斗草，如"观音柳"对"罗汉松"，"君子竹"
对"美人蕉"等等，当香菱胡诌出"夫妻蕙"，那就谁也对不了。《镜
花缘》里也有关于斗草的场景，更类似文字游戏了，第七十七回说
紫芝四处一望，只见墙角长春盛开，因指着道："头一个要取吉利，
我出'长春'。"窦耕烟道："这个名字竟生在一母，天然是个双声，
倒也有趣。"掌浦珠道："这两字看着虽易，其实难对。"众人都低
头细想。陈淑媛道："我对'半夏'，可用得？"春辉道："'长春'
对'半夏'，字字工稳，竟是绝对。妹子就用长春别名，出个'金盏
草'。"邱芳春遥指北面墙角道："我对'玉簪花'。"窦耕烟指着外
面道："那边高高一株，满树红花，叶似碧萝，想是'观音柳'。"邱
芳春指着一株盆景道："我对'罗汉松。'"春辉道："以'罗汉'对

'观音'，以'松'对'柳'，又是一个好对。"民间戏曲中的斗草更多是展示对于花草的知识，往往比谁能报出更多花草的名字罢。如评剧《花为媒》中的"报花名"，安徽黄梅戏《打猪草》中的"对花"，就是具有代表性的段子，"对花"唱道："郎对花姐对花，一对对到田埂下。丢下一粒籽，发了一颗芽，红杆子绿叶开的是白花。结的是黑子，磨的是白粉，做的是黑粑，此花叫做叫做荞麦花。……长子打把伞，矮子戴朵花，此花叫做什么花？郎对花姐对花，一对对到田埂下。长子打把伞，矮子戴朵花，此花叫做莲蓬花。"

斗草还有一种就是乡间儿童最喜欢的"武斗"了。范成大在《春日田园杂兴》里咏道："青枝满地花狼藉，知是儿孙斗草来。"到现在，这种"武斗"还是农村长大的孩子都玩过的游戏，即双方各找一棵草根，交叉成十字，相互用力拉扯，哪一方的草根被拉断就算输了。这种斗草游戏还有占卜功能。近人李声振《百戏竹枝词》有云："一带裙腰绣早春，踏青时节小园频。斗他远志还惆怅，惟有宜男最可人。"女孩子们会依照草劈成的形状，预示将来生男生女。这种斗草跟应该古代春嬉时的"草卜"巫术有关。

◆ 三、插柳·戴花 ◆

柳树应该是万木中最早泄露春消息的使者。李清照《蝶恋花》

有句云:"暖雨清风初破冻,柳眼梅腮,已觉春心动。"乍暖还寒的清明,柳树叶芽就迫不及待地在一层半透明的绿色叶鞘里暖呵呵地膨胀起来。柳芽的外形,像佳人欲醒还眠的媚眼,所以诗人墨客称之为"柳眼",没有多久,缀着沉甸甸的"柳眼"的柳枝就成为舞春风的轻盈柳条。 古时清明插柳之俗极盛,宋人张耒《寒食日作二首》有云:"荒山野水非吾土,寒食清明似去年。杨柳插门人竟笑,荆蛮不信子推贤。"《岁时广记》卷十五引《岁时杂记》云:"今人寒食节,家家折柳插门上,惟江淮之间尤盛,无一家不插者。"《武林旧事》卷三更云:"清明前三日为寒食节,都城人家皆插柳满檐,虽小坊幽曲,亦青青可爱,大家则加枣𥣫于柳上,然多取之湖堤。有诗云:'莫把青青都折尽,明朝更有出城人。'"《明宫史》卷四记清明"戴柳枝于鬓"。《帝京岁时纪胜》则云:"清明日摘新柳佩带,谚云:'清明不带柳,来生变黄狗'。"直到现在,清明节插柳的习俗仍在大江南北兴盛。

关于清明插柳的由来,有多种说法,首先当然是与纪念介子推有关。《阳武县志》说:"清明节,各神位及主前均供柳;并插门上,曰为介子推招魂也。"传说中介子推是抱着柳树被烧死的,晋文公第二年清明去故地亲自凭吊,居然发现那棵柳树那棵老柳树死而复活,绿枝千条,随风飘舞。于是文公折柳枝插于宫门,以示纪念忠臣。老百姓认为介子推是大德之人,便纷纷仿效晋文公,在户外

◎ 春消息

插柳。

　　另有说法是清明插柳起源于辟邪、驱虫。早在南北朝，人们就将杨柳视为驱鬼神物。贾思勰《齐民要术》卷五云："正月旦取杨柳枝着户上，百鬼不入家。"《建昌府志》也记道："清明，是日插柳于门，人簪一嫩柳，谓能辟邪。"至于柳能逐鬼的俗信是怎样形成的，又有不同观点。有人认为这种俗信源自道教之说，《佩文斋广群芳谱》卷七十六引《白玉蟾集》云："太微宫中，箕宿之精化而为柳，垂垂袅袅然于淡雪疏雨之间。"亦有人认为此源自佛教之说，佛教故事中南海观世音菩萨的形象，往往是一手托净水瓶，一手拿柳枝，为人间遍洒甘露，祛邪消灾。因为清明是百鬼出没讨索之时，人们为防止鬼的侵扰迫害，于是用柳枝来驱鬼。东北地区的额尔古纳河和根河流域的汉族和俄罗斯族，每年在农历六月初二日还举办"柳条节"，是日上午，男女老少和过往行人要用柳枝蘸水往别人身上点洒，据说这样能消灾免难。柳树生命力顽强，且富于药性，因此古人不仅仅将其视为能降鬼，还是避蛇虫的宝物。如《临

← ○ 柳暗花明

海县志》云："清明插柳于门，或簪之，谓之驱'香儿娘'，盖指蟊虫云。"《怀来县志》亦云："折柳枝插门，谓可避蛇虫"。宫廷则将新春柳条当成祛虫的吉物送给近臣，段成式《酉阳杂俎》前集卷一记唐玄宗"三月三日赐侍臣细柳圈，言带之免虿毒"。今陕西南部地区尚遗留有"柳枝鞭蝎"的民俗事象，即人们用柳枝鞭打四壁，用以禳除毒蝎。山东临沂、诸城等地，也有以柳条抽打墙壁的习俗，有曰："一年一个清明日，杨柳单打青帮蝎。"因为清明节是春夏气候交替、百虫蛰动的时分，在这季节变迁之际，人们易受季节性时疫的侵袭，为了顺利度过这一危险时段，于是民间用清明节俗预先进行禳解。

又说，柳枝可以避火灾。《光州志》云："柳枝可以禳火。"这与寒食起源的防止火灾说有一定的合理呼应。关于柳枝防火有个民间传说。相传古时候，财主家粮食多得吃不完，把霉烂的五谷倒入河里。土地神发现后，上天禀报，天帝大怒，立即命火神爷去人间降天火，以示惩罚。火神爷带着火龙火炷来到人间，这才发现糟蹋粮食的是财主，贫苦人家则以野菜充饥。火神爷便扮成一个叫化子，让穷人们在门前插上柳条，以防止天火。当晚，财主家的房屋谷仓燃起大火，而插柳于门的穷人家平安无事。从此，人们每到这一天便提前熄火，并在门上插柳条，表示对火神爷的敬畏，同时提醒它切勿光顾插柳之户。

又说，清明插柳可以"明眼"，吴自牧《梦粱录》卷二云："此日家家以柳条插于门，名曰'明眼'。"即清明插柳可以使人一年眼目清明。引申意义就是使人能明辨鬼邪，看住家门。关于清明柳的这一说法，大约起于"青盲日"的禁忌，清明这天民间忌妇女使针、洗衣。《临晋县志》记道："清明是日，妇女不作生活，曰'青盲日'。"就是说，这天是妇女们的休假日，平时的针黹之事暂时放下，以免损害视力。

有学者认为清明的柳俗是一种生殖崇拜现象。子孙绵旺、万世兴昌的繁衍目的一直是古人民俗信仰的重要目的，柳树具有强大的生命力，所谓"有意栽花花不发，无心插柳柳成

◦ 柳芽

行"。春雨连绵时,随手折取一枝插在地上,说不定经年后就能繁衍成一片柳林。古代人对冬天枯萎、春天复青的柳树注入了宗教图腾一般的感情,并觉得通过崇拜,能将柳树的旺盛繁殖能力转移到崇拜者的身上。母系氏族社会中,人类以包括柳叶在内的植物纹样为女阴的象征,实行女性生殖器崇拜。我国古代向有以男女行云雨之事求雨的巫术,如齐之观社、宋之祈桑林、楚之游云梦,均是希望通过人类的性活动来召唤雨水的巫术行为。辽代契丹人的射柳祈雨仪式,可被视为男女性事的象征。《辽史·礼志一》记有"瑟瑟仪"的祈雨仪式:"若旱,择吉日行瑟瑟仪以祈雨。前期,置百柱天棚。及期,皇帝致奠于先帝御容,乃射柳。皇帝再射,亲王、宰执以次各一射。中柳者质志柳者冠服,不中者以冠服质之。不胜者进饮于胜者,然后各归其冠服。又冀日,植柳天棚之东南,巫以酒醴、黍稗荐植柳,祝之。皇帝、皇后祭东方毕,子弟射柳。皇族、国舅、群臣与礼者,赐物有差。既三日雨,则赐敌烈麻都马四匹、衣四袭;否则以水沃之。"仪式中的箭射柳叶正是男女性事的比拟。民族学和民俗学调查材料表明,女真先民也有柳叶崇拜,今东北地区出土的大量文物中可发现女真先祖在石器上经常雕刻柳叶花纹,箭头骨针也制成柳叶的形状。受先祖女真人的影响,满族人以柳树为始祖母神,称之为"佛朵妈妈"。"佛朵"即满语"佛特赫",意为柳枝。柳树在满族神话中是创世之神,认为人从柳叶中吐出。

○ 射骑图（五代·李赞华）

满族家祭中常以柳枝为祖神代表。因此，满族人也有射柳之习俗，《帝京岁时纪胜》云："帝京午节，……仍修射柳故事"。"射柳"之戏还是宋代、元代军中的重要竞技游戏。《东京梦华录》卷七云："以柳枝插于地，数骑以划子箭或弓或弩射之，谓之躤柳枝。"明时宫中尚有此戏，《元明事类钞》卷十八引周宾所撰《识小编》云："永乐时，禁中有剪柳之戏，即射柳也。陈继儒云，以鹁鸽贮葫芦中，悬柳上，射中辄飞出，以飞高为胜。会于清明、端午日，名射柳。"这些射柳竞技游戏都源于生殖崇拜。

清明杨柳之俗，随各地的文化历史不同产生很多附会。或说与文学有关：写下"杨柳岸，晓风残月"的宋代词人柳永，任才猖狂，放任不羁，结交了无数歌伎，她们喜爱柳永的才华，也以受到柳永的青睐，获其一词为荣。柳永晚年穷愁潦倒而死，歌妓姐妹们集资营葬。每年清明节，歌妓都相约折柳簪发，赴其坟地祭扫，称之"吊柳七"或"吊柳会"，久之插柳祭扫成俗。或说与军事有关，唐末黄巢起义时，义军以"清明为期，戴柳为号"，起义虽然失败，担插柳的习俗却盛行不衰。或说与占卜天气有关。古谚有"柳条青，雨蒙蒙；柳条干，晴了天"的说法。

杨柳还是古代青年男女和孩子绝佳的装饰物。在春天明媚的阳光下，还有什么比青翠欲滴的柳叶更能映衬青春酡红的脸庞呢？青柳留春，人们用柳枝来象征对青春的珍惜与挽留。《清嘉录》

卷三云:"妇女结杨柳球戴鬓畔,云红颜不老。"并注引谚语:"清明不戴柳,红颜成皓首。"又,杨韫华《山塘棹歌》云:"清明一霎又今朝,听得沿街卖柳条。相约比邻诸姊妹,一枝斜插绿云翘。"说明清代中期清明前后,苏州城里的大街上还有小商贩靠簪柳习俗做小买卖呢。

总之,清明的柳枝崇拜形成了杨柳全方位的流行,包括装饰、佩戴、食用等。因为民俗赋予了杨柳吉利、美饰的属性,古人在亲朋好友分离的时候,往往要折柳相送,它代表了对友人的美好祝愿。希望去乡的亲人能交上好运,有着离枝柳条一样旺盛的生存能力,很快在异地生根发芽。

除了插柳以外,还有别的植物受到人们的青睐。如荠菜花,旧历三月三,民间以此日为荠菜花生日。人们之所以喜欢荠菜花,一说可以防虫、明目,《清嘉录》卷三云:"荠菜花,俗呼野菜花。因谚有'三月三,蚂蚁上灶山'之语,三日,人家皆以野菜花置灶陉上,以厌虫蚁。侵晨,村童叫卖不绝。或妇女簪髻上,以祈清目,俗号'眼亮花'。"《岁时广记》卷十七提到"采荠枝"和"取荠菜"都说,到了夏天,将干荠菜花放在灯下可防止飞虫。一说荠菜花可以祈祷丰年,1919年《太仓州志》记道:"三日,上巳,簪荠花。谚云:'三春戴荠花,桃李羞繁华。'盖取岁丰甘草先生之意。"南京民谚有云:"三月三,荠菜花赛牡丹。女人不插无钱用,女人一插米满仓。"

有学者认为，人们喜欢荠菜花是古时上巳乞孕的遗风。因为荠菜为多子植物，又别有芳香，故成为上巳和旧时妇女春日求欢乞孕的象征。因此，不仅仅是女性戴荠菜花，男性也戴，《西湖游览志馀》卷二十云："是男女皆戴荠花。谚云：'三春戴荠花，桃李羞繁华。'"《清嘉录》卷三引《昆新合志》云："儿女皆簪野菜花。"又云："寒食日，男女胥佩戴麦叶。"福建安溪人过清明节，除了插柳以外，各家门旁还会插麦穗和榕叶枝，取长青丰足之意。闽南人独爱象征着青春和生命的杜鹃花，乾隆《泉州府志》卷二十

○ 杜鹃花

云："清明，插杜鹃花。"总之，清明前后佩戴花草的习俗，都表达了人们祈福的美好愿望。

◆ 四、秋千·蹴鞠 ◆

郊外踏青，人们总要进行一些野外游艺活动，好让蛰伏了一个冬季的身体舒展一下。三月天气，还有一丝嫩寒，加上寒食忌火，因此人们进行一些运动型的游戏暖身驱寒，这也是春天的养生之道。清明时节常见的游戏除放风筝外，还有荡秋千、踢蹴鞠。

在古代，秋千之戏可谓是非常普及的大众游戏，每到清明时节，上至皇宫内苑，下至平民小院都竖起秋千架。荡秋千几乎成为清明的代名词，《明宫史》卷四就说："清明，则秋千节也。"秋千的基本样式是在木架上悬挂两绳，下拴横板。故宫博物院现收藏一副当年供清宫后妃游玩的木秋千，长方形的横板，长六十厘米，宽十五厘米，厚两点五厘米。秋千两侧附有直径八点五厘米的铁环，上系直径二厘米的棉粗绳。人或坐或站在横板上，前后摇荡，作出种种惊人的表演。

秋千的历史很悠久。最常见的一种说法是，秋千之戏本源自春秋时期的北方山戎民族（即匈奴一支），后因齐桓公讨伐，秋千之戏也因为战争传播到中原。《事物纪原》卷八引《古今艺术图》

百子团圆图·荡秋千（清·焦秉贞）

曰："北方戎狄爱习轻趫之能，每至寒食为之，后中国女子学之，乃以彩绳悬树立架，谓之秋千。或曰本山戎之戏也，自齐桓公北伐山戎，此戏始传中国。"又云，因为"秋千"之名吉利，受到皇室的喜爱。唐人高无际在《汉武帝后庭秋千赋序》中云："秋千者，千秋也。汉武祈千秋之寿，故后宫多秋千之乐。"完颜绍元在《中国风俗之谜》中综述了秋千起源的现代论点——有人从艺术社会学的角度解释说，早在原始社会，我们的祖先为了取得食物，常要攀藤上树，采摘果实和猎取野兽，经常要揪着藤条跳跃，这即为最早意义上的"藤秋千"，随着社会的进步，人们就用皮条和绳索代替藤条，逐步演变为今天的秋千。还有人认为，秋千与顺势巫术有关，"秋"为谷物成熟，"千"有"多"的意思，因为"秋千"意味着收获多，从籀文"秋"字的结构看，古人为了有好岁收的"秋"，就需要有巫术的帮助，人们在秋千上荡得高，庄稼受其影响，收成就会好。无论秋千的起源是什么，不争的事实是，古代喜欢这种游戏的人很多，流传的地域也很广，杜甫诗云"万里秋千习俗同"（《清明二首》），可见清明荡秋千习俗的广泛性。

唐宋时期，秋千已经成为十分盛行的娱乐活动。五代时王仁裕《开元天宝遗事》卷下记开元年间每至寒食节，竖起秋千架，以助节兴，秋千高高荡起，穿着五彩衣裙的女郎们笑声琅琅，飘飘而下，似仙女从天而降，于是唐玄宗称荡秋千为"半仙之戏"。王建

《秋千词》形象生动地描写了这个时刻："长长丝绳紫复碧，袅袅横枝高百尺。少年儿女重秋千，盘巾结带分两边。身轻裙薄易生力，双手向空如鸟翼。下来立定重系衣，复畏斜风高不得。傍人送上那足贵，终赌鸣珰斗自起。回回若与高树齐，头上宝钗从堕地。眼前争胜难为休，足踏平地看始愁。"荡秋千的姑娘们一反少女的矜持之态，裙子太长就系起来，首饰掉了也顾不上。

北宋时，荡秋千还是国家富强、军事力量强大的象征。《东京梦华录》卷七记崇宁年间在皇家园林金明池中上演的一次"水秋千"表演："有两画船上立秋千，船尾百戏人上竿，左右军院、虞侯、监教鼓笛相和。又一人上蹴秋千，将平，架筋斗掷身入水，谓之水秋千。"秋千架在船头，表演者借着秋千的摆动，荡到几乎与顶架横木

○ 四季童趣图（选一，清·钱慧安）

相平时，突然从秋千上腾空而起，在空中完成翻筋斗等各种动作，最后跳入水中。这种高难度的运动，表演者都是经过专业训练的军人。金明池是北宋时期一处规模巨大、布局完备、景色优美的皇家园林，始凿于太平兴国元年（976），目的是为了训练水军，后经多次营建改造，池内各种设施逐渐完善，池的功能由训练水军慢慢为水上娱乐表演所取代。每年三月一日至四月八日，金明池对庶民开放，皇帝也会驾幸临水殿观看诸军进行各种水战锦标赛。宋人王珪《宫词》云："内人稀见水秋千，争擘珠帘障殿前。第一锦标谁夺得，右军输却小龙船。"到了国力衰落的南宋，回想起激烈壮观的"水秋千"，朱翌不由感慨万千，《端午观竞渡曲江》诗曰："却忆金明三月天，春风引出大龙船。二十馀年成一梦，

◎ 秋千之戏（笺纸）

梦中犹记水秋千。"

到了元代，秋千之风仍灼，清明前后，朝野普遍架设秋千，日以为戏，《日下旧闻考》卷一百四十七引《析津志》记述说："清明寒食，宫庭于是节最为富丽。起立彩索秋千架，自有戏蹴秋千之服。金绣衣襦，香囊结带，双双对蹴。绮筵杂进，珍馔甲于常筵。中贵之家，其乐不减于宫闱。达官贵人，豪华第宅，悉以此为除祓散怀之乐事。"为了追求全方位的美感，皇室富贵人家不仅在庭院中立上五彩秋千架，而且还专门准备了荡秋千用的绣金线服装，佩戴着芬芳的荷包，成双成对地玩耍。

当然，在古代文献中，荡秋千最主要的群体是女子。"水国人家种杨柳，清明士女竞秋千"（朱曰藩《清明扬州道中忆王端公》）。因为这种游戏设施简单，不需要专门技能就可以竞技比赛，兼之姿态优美，略带惊险，对久居闺中的女孩子来说，算是一种另类的游戏刺激，故而无论是民间的小家碧玉，还是皇室的贵族女郎都喜欢这种飘飘欲仙的游戏。三月柔熙的春风，吹乱了柳条，也吹乱了游春仕女秋千架上的裙子。这个景象也为诗人墨客最神往的。在一大群纤弱、病态、慵懒、哀怨的美人中，荡秋千的女郎们吹来了健康活泼之风，她们嘻嘻哈哈，把泪眼锁深闺的烦恼丢到九霄云外，"齐云楼外红络索，是谁飞下云中仙。刚风吹起望不极，一对金莲倒插天。"（杨维桢《续奁集二十咏·秋千》）同时，在女性不能随便出门的时代,只有借着秋千的摇摆,她们才有一线冲破高墙深院禁锢的机会,把身影与笑声送到墙外痴痴等待的男子耳中。欧阳修《渔家傲》词曰:"寻花去。隔墙遥见秋千侣。绿索红旗双彩柱。行人只得偷回顾。"同时,若隐若显的身影与笑声,也激起了无数少年人的惆怅。苏轼的《蝶恋花》就活龙活现地表现了这种由秋千引起的、东方式少年维特的烦恼:"花褪残红青杏小。燕子飞时绿水人家绕。枝上柳棉吹又少,天涯何处无芳草。墙里秋千墙外道。墙外行人,墙内佳人笑。笑渐不闻声渐悄,多情却被无情恼。"

我国少数民族也流行秋千之戏。明纳西族诗人木增有《春居玉山院》诗云:"玉龙峻嶒映雪堂,年年有约尝春光,飞红舞翠秋千

◎ 四季仕女图(明·仇英)

○ 月曼清游图册（选一，清·陈枚）

院，击鼓鸣征蹴踘场。"荡秋千也是傈僳族最普及、参与者最多的体育与娱乐活动之一，傈僳族的秋千分"荡秋"、"车秋"和"磨秋"三种，现在也成为传统旅游表演项目。虽然许多少数民族都有秋千运动，但最爱秋千之戏的莫过于朝鲜族，看那朝鲜族女子或单人、或双人穿着鲜艳的传统盛装在空中欢快地荡来荡去，真有鲜花开放在空中的感觉。

　　"画球轻蹴壶中地，彩索高飞掌上身"。蹴鞠是与秋千齐名的体育活动。荡秋千是古代清明女子喜欢的一种游戏，而男子大多喜欢蹴鞠。鞠是足球的最早雏形，乃一种实心皮球，球皮用皮革做成，球内用兽毛或者棉绒塞紧。蹴鞠，就是用脚去踢球。

　　杜公瞻在注解《荆楚岁时记》时引用了汉人刘向的论点，说蹴鞠是黄帝发明的，"按刘向《别录》曰：寒食蹴鞠，黄帝所造。本兵势也，或云起于战国。鞠与球同，古人蹹蹴以为戏也"。这个说法可能来自远古时代残酷的部落杀戮。1973年，湖南长沙马王堆三号汉墓出上的帛书《经法·十六经·正乱》，记述了黄帝擒杀蚩尤之事，其中提到了"鞠"："黄帝身遇之蚩尤，因而禽之。……充其胃以为鞠，使人执之，多中者赏。"胜者为王败者寇，为了发泄仇恨，黄帝将蚩尤的胃做成一个实心球让人踢。可能残忍也是一种人的本性吧，巧合的是，据说欧洲现代足球也起源于战争，十二世纪前后英国和丹麦发生了一场战争，英国人对丹麦人非常仇视，便将战死的丹麦士兵的头颅当球踢起来。按这个说法，蹴鞠起源于战争的仇恨，当然还需要作进一步考证。

在古代，蹴鞠的目的主要有三种。首先蹴鞠是为了提高军队士兵的反应技能而进行的一种军事训练。因为蹴鞠具有很强的竞技性、对抗性，并且对身体条件的灵活和耐力也有很高的要求，因此是一种很好的训练士兵的方法。《岁时广记》卷十六引刘向《别录》说，"兵势"就是"所以讲武知有材也"。直到唐代，这种游戏仍然流行于军中，有韦应物《寒食后北楼作》为证："遥闻击鼓声，蹴鞠军中乐。"

其次，在汉朝，蹴鞠还是"百戏"之一，乃一种观赏型的表演艺术，在江苏、河南、山东、陕西出土的大量汉代画像砖充分证明了这一点。汉代的蹴鞠表演形式多样，有的是女子独自表演，如河南登封县嵩山启母阙石刻蹴鞠图中，一高髻女子，双臂平伸，飘然跃起蹴鞠，这种蹴鞠姿势优美，近乎舞蹈。有的是男女对蹴，江苏高淳县出土的汉蹴鞠画像砖就是一男一女共同蹴鞠。还有多人作蹴鞠表演，如山东滕县龙阳店出土的画像砖就有多达十九人在蹴鞠。这些蹴鞠表演一般都在乐器伴奏下进行，乐器主要是鼓，而观众主要是贵族，河南登封县嵩山少室阙石刻进谒蹴鞠图就反映了这一情形，图中间是一蹴鞠女伎跃起表演，旁有一人执枹击鼓，贵族在一旁观看。正由于蹴鞠的表演性质，所以在后世，蹴鞠也就一直是女子积极参与的一种活动。

最后，蹴鞠也是人们特别喜欢的一种日常运动。蹴鞠最迟在战国时期已在民间流行，最早的兴起之地在古临淄。据《战国策·齐策》记述，齐国都城临淄的居民生活富裕而充实，平时的业馀生活很丰富，吹拉弹唱、斗鸡蹴鞠。

"寒食蹴鞠"的风俗，到了唐代得到了较为广泛的发展。究其原因，一则可能是料峭薄春，需要体育娱乐御寒；二来寒食假期漫长，正好蹴鞠休闲，正是"永日迢迢无一事，隔街闻蹴气球声"（韦庄《丙辰郇州遇寒食城外醉吟五首》）。

蹴鞠从一开始流行起，就是一种风靡全民的体育项目。上至皇室，下至平民，每个阶层都出现过铁杆球迷。曹操就是其中一个。《太平御览》卷七百五十四引《魏略》曰："孔桂字叔林，性偏妍，好蹴鞠，故太祖爱之，每在左右。"蹴鞠在

◎ 《忠义水浒传》第二回插图

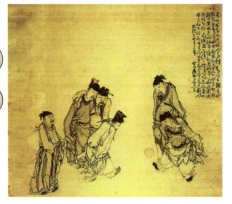

◎ 蹴鞠图（清·黄慎）

唐宋时达到鼎盛,在这两个朝代里,有无数的诗人在不同的年代、不同地点,记载了"寒食蹴鞠"的活动,说明了这一民俗在唐宋得到全面发展。早在初唐,蹴鞠在唐代宫中已成传统,"一百四十年,国容何赫然。……斗鸡金宫里,蹴鞠瑶台边。"（李白《古风》）朝廷将蹴鞠表演和冷食作为寒食节款待群臣的节目:"朝光瑞气满宫楼,彩纛鱼龙四面稠。廊下御厨分冷食,殿前香骑逐飞球。千官尽醉犹教坐,百戏皆呈未放休。共喜拜恩侵夜出,金吾不敢问行由。"（张籍《寒食内宴二首》）唐宋的皇室成员也都热衷这种游戏。"走马棰车当御路,汉阳公主进鸡球"（王建《宫词》）元画家钱选、清画家黄慎都创作过《蹴鞠图》,这两幅画生动地描述了宋太祖、宋太宗和宰相赵普一起蹴鞠玩乐的情景。

所谓上行下效,于是从内苑到民间,从男人到女人,都以成为蹴鞠高手为荣。唐代的皇宫里,"寒食蹴鞠"成为宫中春日的重要娱乐。王建《宫词》云:"宿妆残粉未明天,总在朝阳花树边。寒食内人长白打,库中先散与金钱。"内人是教坊司的女伎,可以出入皇宫为皇帝表演技艺。在寒食节这一天女伎到宫中表演蹴鞠,谁赢了,可以得到皇帝的特别赏钱。最基层的村庄也流行寒食蹴鞠,"村球高过索,坟树绿和花"（薛能《寒食有怀》）。到了宋代,蹴鞠成了百戏之首,如《水浒》中的高俅,就是以蹴鞠得宠的。又,《蹴鞠谱》中存诗云:"蹴鞠皮圆自古传,百般博戏我为先。"据相关学者考证，宋代的蹴鞠活动还有专门的服饰。"宋代由于蹴鞠运动的性质以及参与者的身份、职业不同，蹴鞠服饰也有着不同的分类标准。根据蹴鞠运动的特征进行分类，可以分为竞技性、表演性、娱乐性蹴鞠服饰；根据参与人群不同，可以分为男子、女子、儿童蹴鞠服饰；根据运动中角色的不同，可以分为蹴鞠服饰、场外人士服饰等"（李艳艳、李艳梅《宋代蹴鞠服饰艺术管窥》）。由于蹴鞠成风，宋代民间还出现了"齐云社"、"圆社"等组织，用今天的话来说，就是"蹴鞠俱乐部"。

男子蹴鞠固然呈现阳刚之气，女子蹴鞠也别有矫健妩媚的情致，明末清初诗人陈维崧在《抛球乐·咏美人蹴鞠》中作了形象的描述："此际绰约轻盈，娇花百朵，琼枝一树。宝钗松，罗袜小，争漾绛绡穷袴。玉醉花欹，吹乱红巾几缕。一泓香雪，临风漫舞。仿佛似滚琼闺絮，更香球将坠。最怜小玉多能，傍衬凌波微步。渐蹴罢春憨，扶鬓影，娇喘浑无语。小换清容，满身红雨。"《剧谈录》卷二《潘将军失珠》塑造了一个蹴鞠不让须眉，引来众人瞩目的少女："时春雨新霁，有三鬟女子，年可十七八，衣装蓝缕，穿木屐，立于道侧槐树下，值军中少年蹴鞠，接而送之，直高数丈，于是观者渐众。"元代还出现了专业表演蹴鞠的"蹴球伎"，她们"基本上归于艺人范畴。元朝人喜欢观看蹴球伎表演，主要目的在于欣赏和娱乐，这就促使女伎蹴鞠以技艺为资本，美色追求则相对淡薄。'伎女蹴鞠'也由此成为社会上喝彩声较高的一项专业演出活动,其中包括着体育竞技和艺术表演的双重内涵"(王赛时《元朝时期的伎女蹴鞠》)。为了提高女伎的蹴鞠水平,当时还出现了"仕女圆社",就是专门聚集和训练蹴鞠伎的专业机构,不过这种圆社只培养女性蹴鞠者。

○ 长春百子(北宋·苏汉臣)

蹴鞠的形式也在历史长河中不断变化。西汉时,蹴鞠已经有了球场和竞技规则。蹴鞠的球场称为"鞠域"、"鞠城",地下挖的球门叫"鞠室"。《艺文类聚》卷五十四录有后汉李尤的《鞠城铭》,可见汉代时蹴鞠已经具备了现代足球运动强调的公平原则:"圆鞠方墙,仿象阴阳。法月衡对,二六相当。建长立平,其例有常。不以亲疏,不有阿私。端心平意,莫怨其非。"不过对汉代人而言,如果条件不允许,没有宽敞的球场可让平民过把瘾，没有关系，他们就会在小巷子里横冲直撞地踢，桓宽《盐铁论·国病》就说："康庄驰逐，穷巷蹋鞠。"古代蹴鞠的形式主要分为两种，设球门与不设球门的。不设球门的称为"白打"、"官场"，焦竑《焦氏笔乘》卷三记道："两人对踢为白打，三人角踢为官场。"即使数十人参与，如果没有球门，仍然称为"白打"。有球门的称为"蹴球"，《文献通考》卷一百四十七记道："蹴球盖始于唐，植两修竹，高数丈，络网于上，为门以度球，球工分左右朋，以角胜负。"与现代足球类似，竞技两队以射门次数多者为胜。这种有球门的"蹴球"与唐代"鞠"本身的质变有关，那就是"鞠"从实心球向"气球"的变化。据《初学记》解释，气球是以皮革为外皮，以吹满气的动物膀胱为胆，仲无颇《气球赋》有云："气之为毬，合而成质，俾腾跃而攸利，在吹嘘而取实。尽心规矩，初因方以致圆；假于弥缝，终使满而不溢。"

早熟的生命或许凋零得也早，事物的规律往往就是如此。当现代足球在另一种文化的土壤中蓬勃发展的时候，发源于先秦时代的蹴鞠在明清时期就悄然落幕。到了清代中晚期，蹴鞠胜景基本淡出人们的视野。现在，"蹴鞠"不是以一个关乎身体的动词出现在人们的生活中，而是作为一个历史名词的面貌，悬浮在人们的想象中。学者们试着解释是什么导致曾经那么流行的蹴鞠消失在历史深处，使得我们错过与世界第一球的嫡亲关系？有的认为是急功近利的圆社加速了蹴鞠运动的衰亡；有的说是崇尚"中庸"与"无所争"的儒家思想抑制了蹴鞠运动的发展，使得蹴鞠最终未发展成为充满竞争对抗的现代足球运动。然而，或许我们不应该更多地纠结在蹴鞠与现代足球的源流关系上，而应该把蹴鞠仅仅还原为蹴鞠本身，还原成一个简简单单、欢跳在我们日常生活中的彩球。

只将诗句答年华：清明艺文

先人的理想
还在泥土中 沉默痛哭
山川温柔
将荣辱埋葬
人们 放下刀
用笔 记忆
爱 与死一样坚强

——龚墨丝《清明》

清明注定与艺术有着不解之缘。

人们在香烟缭绕中纪念亲人，他们虔诚、悲哀但也从容，有的时候人们还和未曾谋面的老祖先开几句玩笑。三月里，去四方讨生活的人们不远千里回到了偏僻的故乡，他们是燕子，总在清明飞回，只为了在故里的青冢前与亲人说一两句话。——人们写下了难以按耐的怀念，于是清明有了情深的文章。

清明雨纷纷，撑着小船去上坟。去的时候岸边桃花蘸水，回来的时候一霎儿天晴。面对一年中最美好的春光，人们的眼睛怎么能无动于衷得忽略青青的春野？——人们描下了生机勃勃的三月天，于是清明有了绚丽的图画。

尝着春天新酿的农家米酒，采一朵野花别在衣上。人们微笑着走在踏青的路上。杨柳依依,系着秋千,那是谁家的小姑娘?风筝在与风嬉戏,急坏了扯线的少年郎。——人们记下了"笑从双脸生",于是清明有了明快的诗歌。

文字与色彩造就了清明千年歌哭的艺术。悲喜交加的清明节注定是为文人墨客而生的日子。内容含"清明"、"寒食"字样的诗词,《全唐诗》占三百多首,《全宋词》更多达五百多首。只有栖身在艺术的长廊里,死亡才会失去黑色的力量,生命焕发出感恩的光芒。

◆ 一、诗 词 ◆

一、宋之问《途中寒食题黄梅临江驿寄崔融》

"马上逢寒食,愁中属暮春。可怜江浦望,不见洛阳人。北极怀明主,南溟作逐臣。故园肠断处,日夜柳条新。"

宋之问 (656—712),字延清,一名少连,初唐诗人。

这首五律,讲述的是一个从屈原时代就存在的文学母题,一个关于政治乌托邦的形容词,确切地说,应该是一个词组:政治清明。唐人多重寒食,即使再远也要回乡祭扫,可是诗人又在漂泊动荡中度过了一个潦草的寒食节。寒食一过就意味着春天的尾声就要到了,而诗人将要迎来夏天、秋天、冬天,转眼又要衰老一年。

还是站在江边朝着祖坟的
方向遥遥望祭一下吧，故
乡的柳条应该已经爆出绿
色的芽叶了吧！这个异乡
哪里能看到一个熟悉的身
影？于家，寒食不能墓祭，
诗人算是个不孝的人，可是
于国，诗人自我表态说，我
也算是个虽九死而不悔，遭
谗言而怀主的忠臣啊！诗
人不仅借寒食节之景，表达
了对自身境遇的伤感，还表
达了古代诗人的集体无意
识：哀而不伤的自恋以及
对清明政治及"明君"的臆
想。可是宋之问人生诗篇
的结局是什么呢？先天元
年（712）八月，唐玄宗李隆
基即位后，宋之问被赐死于
徙所，结束了最后的人生旅

◎ 湖天春色图（清·吴历）

◎ 湖山春晓图（南京·陈清波）

程。

二、张继《阊门即事》

"耕夫召募爱楼船，春草青青万顷田。试上吴门窥郡郭，清明几处有新烟。"

张继（生卒年不详），字懿孙，唐代诗人。

这首诗用冷静的白描手法暗讽了不顾百姓生计的统治者，满篇没有一句直露的幽怨语，却写尽了抑郁沉愤之思。阊门是苏州的一个城门，也是繁荣苏州的代名词。寒食期间，诗人经过了素有江南鱼米之乡的苏州城。春天的万顷良田，弥望着绿色，可是走近一看，原来都是野草在田中蔓生，那么农夫都去了哪里？喏，诗人自问自答，朝廷的大战船需要更多的士兵去填充，农民被大量拉去当兵了！站在苏州城楼上鸟瞰，昔日富饶的江南名城，十室九空，但诗人只是淡淡地、克制地吟出这样一句：清明节，没有几家取新火的了。

三、白居易《寒食野望吟》

"丘墟郭门外，寒食谁家哭。风吹旷野纸钱飞，古墓累累春草绿。棠梨花映白杨树，尽是死生别离处。冥漠重泉哭不闻，萧萧暮雨人归去。"

白居易（772—846），字乐天，晚年号香山居士，唐代诗人。

又逢寒食，诗人也许正走在去墓祭的路上，已经能望见墓地上

◎ 白居易像（选自《宋人画八高僧故实》）

乌鹊呱噪的高大乔木，也许正走在祭扫归来的半途中，耳边还回荡着新坟上的恸哭声。那是谁家的新妇？或是谁家的孝女？多云的天空下，冷风吹得白色纸钱四处乱飞，好像找不到归宿的灵魂，不知道何时就存在着的古墓长满了丝一样柔软的青草，那里面长眠着再也不用感知人间痛苦的幸福人儿。海棠啊，梨花啊，白杨树啊，这些春天的精灵，根本不理解人类生离死别的愁苦，天真烂漫地奉送着春光。活着的人尽情地宣泄自己的痛苦，可是那九曲十八弯的黄泉到底有多深远？地下的亲人啊，他们是否真能听见？哭到雨也零星都没有人回应，罢了罢了，擦一擦眼泪，还是回到我们譬如朝露、去日苦多的现实生活中来吧。

四、王禹偁《清明》

"无花无酒过清明，兴味萧然似野僧。昨日邻家乞新火，晓窗分与读书灯。"

王禹偁（954—1001），字元之，北宋诗文家。

这首诗描写的是"一个人的清明"。这是一个不同流俗的清明节。没有亲人，没有朋友，诗人只把清明当成一年中一个普普通通的日子。别人家热热闹闹地在坟前哭笑，只有他，既没有山花在衣襟上遗香，也没有亲友可以对酌梨花米酒。诗人这份孤苦的情境，真如了无尘念的天地一孤僧。然而生性洒脱、志向高远的诗人，不久就克服了这种小儿女的孤单感，虽然没有亲朋在身边陪着度过

← ◦ 春庭行乐图（明·无款）

王禹偁像（选自《吴郡名贤像赞》）

清明，但不是还有昨天向邻居家新取来的火种吗！诗人用新火点燃了书案上的油灯，温暖的灯火仿佛是个久别重逢老友，默默地陪伴着诗人又度过一个苦读的通宵。

五、苏轼《东栏梨花》

"梨花淡白柳深青，柳絮飞时花满城。惆怅东栏一株雪，人生看得几清明。"

苏轼（1037—1101），字子瞻，号东坡居士，北宋文学家。

幸好还有苏轼，还有他在清明泪眼中恪守了哀而不伤的审美底线。梨花飘雪，柳绵染青，又是一个阅尽生死的清明，美丽的三月，全城所有的花都迫不及待地开放了，只有院中东栏那一株雪白的梨花绊住了诗人的目光，梨花的魅力不仅仅在于清雅出尘的美，还在于这种美的短暂。人的一生不也就是一朵占有了一个春天的梨花

◦ 梨花雪

167

○ 黄庭坚像（《选自中国历代名人图鉴》）

吗？洒脱的诗人端起酒杯，自嘲地想，身后浮名，不及眼前这杯梨花酒呢！想想吧，人生不过就是消磨几个年头的事情。

六、黄庭坚《清明》

"佳节清明桃李笑，野田荒垅只生愁。雷惊天地龙蛇蛰，雨足郊原草木柔。人乞祭馀骄妾妇，士甘焚死不公侯。贤愚千载知谁是，满眼蓬蒿共一丘。"

黄庭坚（1045—1105），字鲁直，号山谷道人，又号涪翁，"苏门四学士"之一。

此诗是诗人被贬至宜州（今广西宜山）所作。黄庭坚是"江西诗派"的代表，他的这首诗典型地反映了这一诗派奇崛瘦硬、讲究用典、追求张力的独特诗风。时值清明扫墓时分，诗人想起自己仕途未明，触景生情，发出了人生无常的感慨。而且这种感慨是通过喜哀对比、情绪跌宕、典故出奇的艺术形式表现出来的。这是个悲喜两重天的清明时节，对于踏青的人而言，清明总是晴柔的好天气，陌上桃李仿佛没有心事的姑娘对着他们笑，对于墓祭的人而言，清明则总在愁云惨雾的背景中浮现，野田无人空馀离恨。细细想一想，这个世界上奇妙荒诞的对比太多了。龙蛇一样的人中俊杰往往被无情的命运追击得无法施展才华，而那些庸碌之才却能如雨后草木般得到命运的青睐。先秦时候，齐国有个无赖，天天吃别人上坟剩下的供品，回家还恬不知耻地对着妻妾炫耀，说自己结

○ 溪山春晓图（北宋·惠崇）

识了达官贵人，有的人却将自尊看得比什么都重，比如介子推宁可被火烧死，也不愿意出来做官。唉，贵贱贤愚哪是那么能说得清楚的呢？算了，笑也好，愁也罢，到头来贤者愚者的结局都一样，还不是同眠在一方土地上！

七、吴文英《风入松》

"听风听雨过清明，愁草瘗花铭。楼前绿暗分携路，一丝柳、一寸柔情。料峭春寒中酒，交加晓梦啼莺。 西园日日扫林亭。依旧赏新晴。黄蜂频扑秋千索，有当时、纤手香凝。惆怅双鸳不到，幽阶一夜苔生。"

吴文英（约 1200—1260），字君特，号梦窗，晚号觉翁，南宋词人。

词论家一般都评价白石词清空，梦窗词密丽，为两家词风特色。虽然张炎在《词源》中批评吴词："如七宝楼台，炫人眼目，拆碎下来，不成片断。"但是近代词人况周颐在《蕙风词语》卷二中却说："梦窗密处，能令无数丽字，一一生动飞舞，如万花为春；非若珠璃蹙绣，毫无生气也。"总的说来，吴文英注重词的格律形式，追求典雅含蓄，他的这首《风入松》是思念爱人之作，词风婉约曲折，描述了一个佳人永不见，空馀秋千索的惆怅场景。愁风愁雨愁清明，伤春伤别伤西园。诗人又回到了和心上人同游之地，他在隔雨红楼前蓦地驻足，呒吸着清明雨水的杨柳一片绿荫，柔丝牵人

清明

◎ 戏春图（南宋·无款）

衣，此时此景，如同回到当年和爱侣的分手时刻，已是情波千叠，无以排遣，诗人再紧承愁绪，加上春寒之酒，借酒浇愁，只希望醉后能够在梦中与情人相见。然而，老天哪有那么仁慈，愁梦却被莺啼破。莺声滴圆，情缘破残，正是愁又如何！词的下阙忽如蒙太奇手法转到了晴天。久雨初晴，落花满阶勤扫洒，或许诗人以为，三月晴天能够缓解闷怀。然而，院中那架秋千又勾起了往事。空荡荡的秋千没有了主人，但是不谙世情的黄蜂还频频飞到秋千索上，仿佛在嗅佳人手上的馀香。连黄蜂都在想念那个美丽的人儿，何况情深意重的诗人呢。然而，心上人再也不会回到他们曾经双栖双宿的欢爱之地了。这个毫无希望的春天，绿苔都因为绝望的等待而一夜生满台阶。正是：雨也无情、晴也伤心，无计可以过清明。

八、辛弃疾《鹧鸪天》

"着意寻春懒便回，何如信步两三杯。山才好处行还倦，诗未成时雨早催。　携竹杖，更芒鞋，朱朱粉粉野蒿开。谁家寒食归宁女，笑语柔桑陌上来。"

辛弃疾（1140—1207），字幼安，号稼轩，南宋词人。

刘克庄在《辛稼轩集序》中曾说："公所作，大声鞺鞳，小声铿鍧，横绝六合，扫空万古，自有苍生以来所无。其秾纤绵密者，亦不在小晏、秦郎之下。"作为宋代词坛领袖，辛弃疾的作品向以"醉里挑灯看剑"的豪放风格著称。但，不要以为他只是个醉心沙场的铁血汉子，他一样也有绵丽婉约的作品。这不，词人正施施然从寒食春游中往回走呢。山景虽然可人，可是也耐不住半日的体力消磨，兴尽即回，这才是率性而为的生活呢。他一边走，一边盘算着待会到哪个农家酒肆嘬上两三杯米酒。想到酒，回忆着刚才相看两不厌的山景，他不禁又升腾起诗兴，可是噼里啪啦的雨点又把诗人那些未成形的诗句撵跑了。不过诗人一点也没有觉得扫兴，一阵春雨过后，天色如洗，景物更加明艳。手持竹杖、脚着草鞋的诗人索性放慢了脚步，欣赏起桑间小径旁红红白白、灿如云霞的野蒿花来。这时，有几个女郎笑语盈盈地迎面走来，看样子是趁寒食节回娘家去探望父母的吧。她们也像乡间小花一样健康、美丽、朴实。瞧着她们喜上眉梢的神态，诗人不禁也微笑起来。

◎ 早春图（北宋·郭熙）

◆ 二、散　文 ◆

一、袁枚《祭妹文》（节选）

"汝以一念之贞，遇人仳离，致孤危托落。虽命之所存，天实为之，然而累汝至此者，未尝非予之过也。予幼从先生授经，汝差肩而坐，爱听古人节义事，一日长成，遽躬蹈之。呜呼！使汝不识诗书，或未必艰贞若是。予捉蟋蟀，汝奋臂出其间；岁寒虫僵，同临其穴。今予殓汝葬汝，而当日之情形，憬然赴目。予九岁憩书斋，汝梳双髻，披单缣来，温《缁衣》一章。适先生㸑入户，闻两童子音琅琅然，不觉莞尔，连呼则则。此七月望日事也。汝在九原，当分明记之。予弱冠粤行，汝掎裳悲恸。逾三年，予披宫锦还家，汝从东厢扶案出，一家瞠视而笑，不记语从何起，大概说长安登科，函使报信迟早云尔。凡此琐琐，虽为陈迹，然我一日未死，则一日不能忘。旧事填膺，思之凄梗，如影历历，逼取便逝。悔当时不将婴婉情状，罗缕纪存。然而汝已不在人间，则虽年光倒流，儿时可再，而亦无与为证印者矣。……汝之疾也，予信医言无害，远吊扬州。汝又虑戚吾心，阻人走报。及至绵惙已极，阿奶问望兄归否？强应曰诺。予已先一日梦汝来诀，心知不祥，飞舟渡江。果予以未时还家，汝以辰时气绝，四肢犹温，一目未瞑，盖犹忍死待予也。呜呼痛哉！早知诀汝，则予岂肯远游？即游，亦尚有几许心中言，要汝知闻，共

◎ 袁枚像（选自《清代学者像传》）

汝筹画也。而今已矣！除吾死外，当无见期。吾又不知何日死，可以见汝，而死后之有知无知，与得见不得见，又卒难明也。然则抱此无涯之憾，天乎人乎，而竟已乎！……羊山旷渺，南望原隰，西望栖霞，风雨晨昏，羁魂有伴，当不孤寂。所怜者，吾自戊寅年读汝哭侄诗后，至今无男；两女牙牙，生汝死后，才周晬耳。予虽亲在，未敢言老，而齿危发秃，暗里自知，知在人间尚复几日？阿品远官河南，亦无子女，九族无可继者。汝死我葬，我死谁埋？汝倘有灵，可能告我？呜呼！身前既不可想，身后又不可知；哭汝既不闻汝言，奠汝又不见汝食。纸灰飞扬，朔风野大，阿兄归矣，犹屡屡回头望汝也。呜呼哀哉！呜呼哀哉！"

袁枚（1716—1797），字子才，号简斋，别号随园老人，清代诗文家。

这篇祭文是袁枚纪念他命运多舛的三妹素文而作。虽为祭文，但是袁枚却没有完全遵照祭文的格式，而是任凭哀情流泻，堪称祭文中的典范。悼念同胞亡妹，从童年开始，兄妹情深的往事如同电影慢镜头，一幕幕从眼前闪过，停留在作者笔下。他一边回忆着往事，一边流着眼泪抒发痛惜之情。作者首先想到的是兄妹无猜的童年时代。想到妹妹和自己一同在寒冬捉蟋蟀，妹妹举着细胳膊站在哥哥身边，天冷了蟋蟀总会死的，兄妹两个人一同埋葬了它。这时，作者笔锋一转，从童年的冬天回到更为寒冷的现实，他伤心

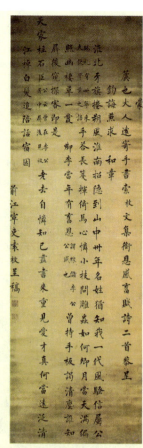

○ 袁枚手迹

地说：今天我安葬你，当日一起埋葬虫子的情景，便清楚地呈现在眼前。作者想起还是小女孩的妹妹梳着双发髻，披着细绢衣和自己一起读书的情景，接着作者又回忆起他刚成年去广西，妹妹牵着哥哥的衣裳伤心大哭，不舍得分开，过了三年，作者中进士还家，兄妹两人欢聚的情景，写到这里，作者忍不住大为痛悔，所有这些琐事，虽然已经成为陈迹，然而我一天没死，就一天不能忘掉。过去的事充满心胸，一想起它们就悲伤哽咽，就像影子一样清清楚楚，逼近捕捉时，却消失无踪。我后悔当时没有将童稚时的情况，详细地记录保存下来。然而你已经不在人间，即使光阴倒流，儿童时代可以再次出现，也没有给它印证的人了！妹妹因病去世，然而兄妹俩终究没有见到最后一面，想到这里，作者忽然觉得只有死亡才能消除这个遗憾，因为兄妹还可以黄泉相见，可是转念一想，谁又知道死

○ 丰子恺

后的世界呢？我又不知哪一天死，可以见到你，并且死后有没有知觉，能不能和你相见，也终究难以明白。作者如此将痛苦层层递进，直到将这种痛苦推到连死亡都无法解决的程度。死者已长逝，生者何以堪！想到自己比妹妹年长，身体不好，子嗣单薄，作者忍不住开始哀叹起自己的命运。你死了我埋葬，我死了叫谁埋葬？你如果有灵，能不能告诉我呢？唉！你身前的事既已不堪回首，你身后的事又不能知道，我哭你，没听到你答话，我祭你又没见到你来享用。纸灰飞扬，北风猛烈。你的哥哥回去了，还屡屡回头望你呀。唉，伤心啊！伤心啊！

二、丰子恺《清明》（节选）

"清明三天，我们每天都去上坟。第一天，寒食，下午上'杨庄坟'。杨庄坟离镇五六里路，水路不通，必须步行。老幼都不去，我七八岁就参加。茂生大伯挑了一担祭品走在前面，大家跟他走，一路上采桃花，偷新蚕豆，不亦乐乎。到了坟上，大家息足，茂生大伯到附近农家去，借一只桌子和两只条凳来，于是陈设祭品，依次跪拜。拜过之后，自由玩耍。有的吃甜麦塌饼，有的吃粽子，有的拔蚕豆梗来作笛子。蚕豆梗是方形的，在上面摘几个洞，作为笛孔。然后再摘一段豌豆梗来，装在这笛的一端，笛便做成。指按笛孔，口吹豌豆梗，发音竟也悠扬可听。可惜这种笛寿命不长。拿回家里，第二天就枯干，吹不响了。祭扫完毕，茂生大伯去还桌子凳子，照例送两个甜麦塌饼和一串粽子,作为酬谢。然后诸人一同在夕阳中回去。杨庄坟上只有一株大松树,临着一个池塘。父亲说这叫做'美人照镜'。现在,几十年不去,不知美人是否还在照镜。闭上眼睛,情景宛在目前。

"正清明那天,上'大家坟'。这就是去上同族公共的祖坟。坟共有五六处,须用两只船,整整上一天。同族共有五家,轮流作主。白天上坟,晚上吃上坟酒。这笔费用由祭田开销。祖宗们心计长,恐怕子孙不肖,上不起坟,叫他们变成饿鬼。因此特置几亩祭田,租给农民。轮到谁家主持上坟,由谁家收租。雇船办酒之外,费用总有馀裕。因此大家高兴作主。而小孩子尤其高兴,因为可以整天在乡下游玩,在草地上吃午饭。船里烧出来的饭菜,滋味特别好。因为,据老人们说,家里有灶君菩萨,把饭菜的好滋味先尝了去;而船里没有灶君菩萨,所以船里烧出来的饭菜滋味特别好。孩子们还有一件乐事,是抢鸡蛋吃。每到一个坟上,除对祖宗的一桌祭品以外,必定还有一只小匾,内设小鱼、小肉、鸡蛋、酒和香烛,是请地主吃的,叫做拜坟墓土地。孩子们中,谁先向坟墓土地叩头,谁先抢得鸡蛋。我难得抢到,觉得这鸡蛋的确比平常的好吃。上了一天坟回来,晚上是吃上坟酒。酒有四五桌,因为出嫁姑娘也都来吃。吃酒时,长辈总要训斥小辈,被训斥的,主要是乐谦、乐生和月生。因为乐谦盗卖坟树,乐生、月生作恶为非,上坟往往不到而吃上坟酒必到。

"第三天上私房坟。我家的私房坟,又称为旗杆坟。去上的就是我们一家人,父母和我们姐弟数人。吃了早中饭,雇一只客船,慢吞吞地荡去。水路五六里,不久就到。祭扫期间,附近三竺庵里的和尚来问讯,送我们些春笋。我们也到这庵里去玩,看见竹林很大,身入其中,不见天日。我们终年住在那市井尘嚣中的低小狭窄的百年老屋里,一朝来到乡村田野,感觉异常新鲜,心情特别快适,好似遨游五湖四海。因此我们把清明扫墓当作无上的乐事。我的父亲孜孜兀兀地在穷乡僻壤的蓬门败屋之中度送短促的一生,我想起了感到无限的同情。"

丰子恺(1898—1975),浙江桐乡人,现代画家、散文家。

这是一幅孩子眼中的浙江清明风俗画卷,丰子恺描写了故里清明节的风俗,上"大家坟",上"旗杆坟",吃"上坟酒",间或还蹦出一两句浙江方言。在他的笔下,家乡的清明节是一件和平时井井有条、呆板的日常生活迥然不同的新鲜事情,是一个大伯、父亲、长辈、晚辈聚在一起的快乐的事情。这些是丰子恺对家乡温情的记忆,是故乡和亲人留在他记忆中活泼泼的影像。丰子恺在写这篇散文的时候,已经是七十岁的老翁了。但是回忆起浙江故里的清明风俗,他仿佛又成为当年父亲疼爱的绕膝小儿。他的行文风格和他的漫画一样,明亮、朴质、自然,用的文字基本都是口语,所述内容也是琐屑平凡的小事情,这些芝麻绿豆大的事情也只有小孩子才会感兴趣。因此,丰子恺的《清明》没有一丝一毫沉重的色彩,也没有对死亡和生命的宏大思考,没有纸钱,没有哭声,这些都在他的记忆中被过滤了。他记得的只有偷蚕豆吃、抢鸡蛋吃、吹蚕豆笛子、草地上吃饭、好吃的船菜。这就是丰子恺,他的全部艺术灵感都来自率真的童心,这是丰子恺观察世界的独特城堡,从这个角度来说,他一生都在享受他的童年。

三、周作人《故乡的野菜》(节选)

"黄花麦果通称鼠曲草,系菊科植物,叶小微圆互生,表面有白毛,花黄色,簇生梢头。春天采嫩叶,

○ 踏青挑菜(丰子恺)

○ 周作人

捣烂去汁,和粉作糕,称黄花麦果糕。小孩们有歌赞美之云:'黄花麦果韧结结,关得大门自要吃;半块拿弗出,一块自要吃。'清明前后扫墓时,有些人家——大约是保存古风的人家——用黄花麦果作供,但不作饼状,做成小颗如指顶大,或细条如小指,以五六个作一攒,名曰茧果,不知是什么意思,或因蚕上山时设祭,也用这种食品,故有是称,亦未可知。自从十二三岁时外出不参与外祖家扫墓以后,不复见过茧果,近来住在北京,也不再见黄花麦果的影子了。日本称作'御形',与荠菜同为春天的七草之一,也采来做点心用,状如艾饺,名曰'草饼',春分前后多食之,在北京也有,但是吃去总是日本风味,不复是儿时的黄花麦果糕了。

"扫墓时候所常吃的还有一种野菜,俗称草紫,通称紫云英。农人在收获后,播种田内,用作肥料,是一种很被贱视的植物,但采取嫩茎瀹食,味颇鲜美,似豌豆苗。花紫红色,数十亩接连不断,一片锦绣,如铺着华美的地毯,非常好看,而且花朵状若蝴蝶,又如鸡雏,尤为小孩所喜,间有白色的花,相传可以治痢。很是珍重,但不易得。日本《俳句大辞典》云:"此草与蒲公英同是习见的东西,从幼年时代便已熟识,在女人里边,不曾采过紫云英的人,恐未必有罢。"中国古来没有花环,但紫云英的花球却是小孩常玩的东西,这一层我还替那些小人们欣幸的。浙东扫墓用鼓吹,所以少年常随了乐音去看'上坟船里的姣姣';没有钱的人家虽没有鼓吹,但是船头上篷窗下总露出些紫云英和杜鹃的花束，这也就是上坟船的确实的证据了。"

周作人（1885—1967），原名櫆寿，字启民，号知堂等，浙江绍兴人，现代散文家、翻译家。

很多评论家说，周作人散文充满了苦寂闲适的情感基调，平和冲淡的美学风格，博采众长的创作态度。我们这段节选的文字却不苦寂，而是温暖的。一个成人总有回顾自己成长空间的那个时刻。尽管随着岁月的流逝，故乡的影子会变得极浅极淡，但它却是生命的水印。对周作人而言，这方水印就是韧结结的黄花麦果，红艳艳的草籽花，这些农家野菜是生命之匙，是周作人的"马德兰"小点心，当这种野菜一碰到他的上颚，他的童年记忆就会蜂拥到味蕾上。无论在东京，还是在北京，在地球任何一个不是故乡的角落，当手指捻起一小块黄花麦糕，他都会在心底轻轻叹一句："哦，吃来吃去，总不是小时候的那一块。"

四、张洁《挖荠菜》（节选）

"而挖荠菜时的那种坦然的心情，更可以称得上是一种享受：提着篮子，迈着轻捷的步子，向广阔无垠的田野里奔去。嫩生生的荠菜，在微风中挥动它们绿色的手掌，招呼我，欢迎我。我再也不必担心有谁会拿着大棒子凶神恶煞似地追赶我，我甚至可以不时地抬头看看天上吱吱喳喳飞过去的小鸟，树上绽开的花儿和蓝天

◎ 张洁

上白色的云朵。那时,我的心里便会不由地升起一个热切的愿望:巴不得这个世界上的一切,都像荠菜一样是属于我们每一个人的。

解放以后,我进了城。偶然,在大菜场里,也可以看到人工培植的荠菜出售。长得肥肥大大的,总有半尺来长,洗得干干净净,水灵灵的。一小扎,一小扎,码得整整齐齐地摆在菜摊子上,价钱也不贵。可我,总还是怀念那长在野地里的荠菜,就像怀念那些与自己共过患难的老朋友一样。

"多少年来,每到春天,我总要挑个风和日丽的日子,带上孩子们到郊区的野地里去挖荠菜。我明白,孩子们之所以在我的身旁跳着,跑着,尖声地打着唿哨,多半因为这对他们来说,是一种有趣的游戏——和煦的阳光,绿色的田野,就像一幅优美的风景画似的展现在他们面前。

"使他们的身心全都感到愉快。他们长大一些之后,陪同我去挖荠菜,似乎就变成了对我的一种迁就了,正像那些恭顺的年轻人,迁就他们那些因为上了年纪而变得有点怪癖的长辈一样。这时,我深感遗憾:他们多半不能体会我当年挖荠菜的心情!

"等到我把一盘用精盐、麻油、味精、白糖精心调配好的荠菜放到餐桌上去的时候(小的时候,我可是做梦也没有想到我那可爱的荠菜会享受到今天这样的'荣华富贵'),他们也还是带着那种迁就的微笑,漫不经心地用筷子挑上几根荠菜……看着他们那双懒洋洋的筷子，我的心里就像翻倒了五味瓶，什么滋味都有。因为我知道，这种赏光似的迁就，并不只是表现在对挖荠菜这一桩事情上，它还表现在对我们这一代人的一些见解和行为上。在他们看来，我们的有些见解和行为，都像陈列在博物馆里的出土文物——离他们的现实生活太远了，不顶用了。自然，我也并不认为我们的见解和行为就完全正确。只要他们不觉得厌烦，我甚至愿意跟他们谈谈我们在探索人生方面曾经走过的弯路，以便他们少付出一些不必要的代价。我真希望我们之间不要成为隔膜很深的两代人，而是心动相通的朋友。

"孩子，让我们多谈谈心吧，让妈妈多讲讲当'馋丫头'时的故事给你们听吧。想想你们妈妈当年挖荠菜的情景，你们就会珍爱荠菜，珍爱生活。你们就会懂得什么是幸福，怎样才会得到幸福。"

张洁，1937年生于北京，当代女作家。

作者用诗一样的语言回忆了自己的童年和那些在野地里疯长的荠菜。是的，在那个曾经被饥饿追赶过的年代，田里的野菜和这个小女孩就是同盟军。因此，作家能用回忆老朋友的亲切感去描述野荠菜的香味，因为那不是普通的野菜香，它起码意味着两个衍生的名词：大自然、粮食。而现在，坚信"苦难是人生的财富"这条格言的一代人，面临着的另一个难题却大于饥饿，他们该如何向下一代表述这个宝贵的生命体验？社会的转型没有等到大多数人准备好就突然而至。和上一代人有着血缘关系的大自然终于完全沦为下一代人的殖民地——现代人们更多是想在山上挖矿而非在草地上打滚。大自然仿佛也不再是提供榆钱糕、荠菜饼、马兰头的母亲,而更多扮演了被污染的工业形象。这篇《挖野菜》就涉及到这样一个现代性问题:终于有这么一天,挑野菜不再是为了吃饱肚子,而是成了沟通代际隔阂,交流生命体验的平台。在"一切坚固的东西都烟消云散了"的今天,这就不再是作为母亲的作者与孩子之间的事情,而是全世界的文化传统面对的难题。

◆ 三、绘 画 ◆

一、张择端《清明上河图》

《清明上河图》画卷,长五百二十八点七厘米,宽二十四点八厘米,绢本设色。

张择端(生卒年不详)字正道,北宋末年画家,东武(今山东诸城)人。宋徽宗赵佶时期供职翰林图画院。

《清明上河图》以精致的工笔再现了北宋徽宗时代的都城东京郊区和城内汴河两岸的清明景象。内容可分为三个段落,开卷为汴京郊郊野的春景,疏柳泛绿,掩映着茅舍、草桥、扁舟,两个脚夫赶着毛驴,向城市走去,路上的景色告诉人们已是春回大地,一

○ 清明上河图（局部，北宋·张择端）

顶轿子的顶部装饰着杨柳杂花，估计是踏青扫墓归来；中段主要描绘的是虹形大桥及河两岸的繁忙景象，汴河是北宋漕运枢纽，商业节点，横跨汴河上是一座规模宏大的木质拱桥，它结构精巧，形式优美，宛如飞虹，是全画的中心，有一只大船正要从桥下穿过，河里船只云集，首尾相接，有的满载着货物朝上游行去，有的则停在岸边码头卸货，纤夫船夫忙个不停，岸上则更为繁华，车水马龙，熙熙攘攘，店铺林立，五花八门的行当，各种各样的人物；有在茶馆休息，有的在看相算命的，有的在饭铺吃饭的；后段则描绘了汴京市区热闹的街景，高大的城楼，两边商铺鳞次栉比，百业兴旺，有商店、茶坊、酒肆、纸马店、药铺、肉铺、庙宇、公廨等等，街市行人川流不息，放眼望去，有游客、僧人、小孩、行贩、官吏、商贾、士绅、乞丐、女眷……三教九流，无所不有，交通运载工具样样俱全，有轿子、骆驼、牛马车、人力车……人物形神毕备，物件毫纤俱现。

　　画卷采用散点透视的构图法，将道具无数、人物众多、规模宏大的首都景物浓缩到五米见长的空间中。画卷上各色人物近千人，大不盈寸，小如绿豆，动物、船只、房屋、车马、轿子、桥梁、树木均细笔勾勒，比例严谨，一笔不苟。作者运用界画技法，完美表现了宫室、楼台、屋宇、市肆、桥梁、街道、城郭等建筑，为我们留下了珍贵的时代标本。全画结构严谨，构图合理，疏密有致，段落分明。将如此丰富多彩的内容安排得繁而不杂，多而不乱，充分表现了画

家精湛的画面构思能力。在具体用笔技法上,艺术家将用笔精细,法度谨严的画院派风格发挥到极致,体现了创作者精纯的绘画功力。张择端完成这幅气度恢宏的历史长卷后,将它呈献给了宋徽宗。宋徽宗酷爱此画,并且用他著名的"瘦金体"亲笔在图上题写了"清明上河图"五个字,并钤上了双龙小印(今佚)。

总之,《清明上河图》极富艺术和史料价值,作为北宋城乡生活、社会风俗的再现实录,《清明上河图》为后世了解研究宋代城市社会生活提供了重要的历史资料,堪称中国十二世纪城乡生活的百科全书,乃当之无愧的国宝。

二、仇英《春游晚归图》

《春游晚归图》,长一百四十五点五厘米,宽七十六点五厘米。绢本设色。

仇英(约 1498—1552),字实父,一作实甫,号十洲,太仓人,后移家吴县。与沈周、文徵明、唐寅并称为"明四家",乃明代中期的代表画家之一。

仇英擅长人物、山水、花鸟、界画楼台,尤长于临摹。仇英年轻曾为漆工,后业画,以善画结识了许多当代名家,为文徵明、唐寅所器重,文徵明赞其为"异才",董其昌更称赞他为"近代高手第一"。仇英初拜周臣门下学画,后在鉴藏家项元汴、周六观家中临摹了大量唐宋名家真迹,得益非浅。张丑《清河书画舫》卷十二说,仇英

← ○ 清明上河图（局部）

画"山石师王维，林木师李成，人物师吴元瑜，设色师赵伯驹，资诸家之长而浑合之，种种臻妙"。仇英的山水画尤受南宋画家赵伯驹等"青绿山水"的影响，后集唐宋诸家之长，自成风骨劲俏、设色温润、具有文人笔致的独特风格。

《春游晚归图》是其山水画的代表作之一。画面描绘了春山暮色中，一主三仆春日郊游，兴尽而归的情景。画面的中心人物是骑在马上的主人，他衣带俨然，神态洒脱，似乎还在回忆今天的春游。一仆位于画面左方，他登上台阶，略高于三者，举手正在扣门，主人马后跟有童仆二人，一童担着酒坛和书箱，另一童携琴回头，二童嘻嘻而对，似乎正在交谈。主人的沉稳，童仆的活泼，人物神情动态各异，而又形成互补对比。该画的春山远景占据了大部分画面，春山秀崛如笋，线条明朗，不施皴擦，只以湿笔淡墨和螺青衬染，点

○ 春游晚归图（明·仇英）

○ 春游晚归图（局部）

缀出暮色霭霭、薄暮四合的氛围,仿佛为山脚下的房屋提供了屏障。画的前景坡石用斧劈皴法,衬以灌木老桩,宅门侧面尤几棵高大浓荫的乔木,形成画面的中景,设色稳重,笔法精密。《春游晚归图》无作者名款,仅于左下方钤"十洲"瓢形印一方。据《墨缘汇观录》记载,仇英摹古之作皆不署款。从画题看,这幅画与戴进所作《春游晚归图》取意颇类,然设敷构图较戴作更为出色。

◆ 四、书 法 ◆

一、王羲之《兰亭集序》

"永和九年,岁在癸丑,暮春之初,会于会稽山阴之兰亭,修禊事也。群贤毕至,少长咸集。此地有崇山峻岭,茂林修竹,又有清流激湍,映带左右,引以为流觞曲水。列坐其次,虽无丝竹管弦之盛,一觞一咏,亦足以畅叙幽情。是日也,天朗气清,惠风和畅。仰观宇宙之大,俯察品类之盛,所以游目骋怀,足以极视听之娱,信可乐也。夫人之相与,俯仰一世。或取诸怀抱,晤言于一室之内;或因寄所托,放浪形骸之外。虽趣舍万殊,静躁不同,当其欣于所遇,暂得于己,快然自足,曾不知老之将至。及其所之既倦,情随事迁,感慨系之矣。向之所欣,俯仰之间,已为陈迹,犹不能不以之兴怀;况修短随化,终期于尽。古人云:'死生亦大矣。'岂不痛哉!每览

◎ 兰亭集序（明·文徵明）

昔人兴感之由，若合一契，未尝不临文嗟悼，不能喻之于怀。固知一死生为虚诞，齐彭殇为妄作。后之视今，亦犹今之视昔。悲夫！故列叙时人，录其所述。虽世殊事异，所以兴怀，其致一也。后之览者，亦将有感于斯文。"

王羲之（约321—379），字逸少，琅玡临沂人，后世称为"书圣"。他与其子王献之合称"二王"，对后世书法家影响极大，甚至被视为无法超越的象征。王羲之出生贵族世家，伯父王导乃东晋元勋，父王旷官淮南太守。王羲之成年以后，人品出众，深得长辈器重。太尉郗鉴给爱女郗璿求婿，王导让选婿者到东厢房一众王家子弟中挑选。王家子弟一听说有人来择婿，个个显得很矜持，惟有王羲之袒着肚皮，满不在乎地坐在东边的胡床上。郗鉴认为这才是表里如一的好男儿，于是将女儿嫁给了他，这也就是"东床快婿"的典故。

《兰亭集序》是集书法、文学、哲学于一体的艺术珍品。永和九年（353），王羲之在会稽出仕。会稽名山佳水，是众多名士理想的隐居之地，王羲之常常与他们吟诗作赋，清谈饮酒，十分畅怀。时值三月上巳暮春，又同游会稽山阴兰亭，曲水流觞后，王羲之作《兰亭集序》以抒怀记事。用现代汉语翻译，《兰亭集序》主要的意思是说，人们彼此相处，一生很快过去。有的人襟怀坦荡，在家里与朋友倾心交谈；有的人把情趣寄托在某些事物上，不受世俗礼

○ 兰亭集序（局部，唐·虞世南摹本）

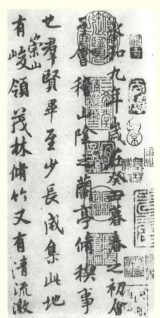

○ 兰亭集序（局部，唐·褚遂良摹本）

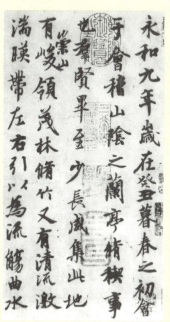

○ 兰亭集序（局部，唐·冯承素摹本）

法的拘束而纵情放骸。虽然人们对生活的取舍千差万别，性情也有沉静急躁之别，但当他们遇到快乐的事情，感受到暂时的得志，就会心满意足，竟忘了人生的暮年转眼来临。等到他们对生平所追求的事物厌倦，心情也会随着变化，于是感慨就跟着来了。从前的快乐顷刻成昨，对这些哪能没有感触呢？更何况人虽生死有命，但终有穷尽的一天。古人说："死生也是件大事啊！"这怎能不让人悲痛呢？每当看到前人发生感慨的原由，与我所感叹的一样，总是面对他们的文章嗟叹感伤，心里却不知道这是为什么。我这才知道，把死和生同等看待是荒诞的，把长寿和短命同等看待也是一种妄见。后人看待今人，正如今人看待从前一样，真是可悲啊！人们在快乐以后，往往更会感到生命有限的恐惧和沮丧，文章表达

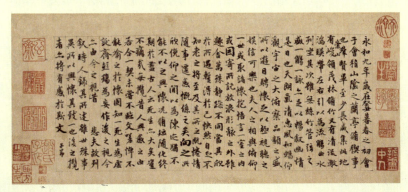

◎ 兰亭集序（元·赵孟頫）

了"兴尽悲来"的文人心绪,并对魏晋流行的老庄无为学说进行了反驳。魏晋时期,玄学清谈盛行一时,士族文人多以庄子的"一死生"、"齐彭殇"为借口,纵情放任而不务实事。王羲之明确批评了这种虚妄的人生观,指出正因为人生苦短,生命才值得珍惜。

王羲之幼年即学习书法,稍长师从书家卫夫人。后得见前辈书家李斯、曹喜、蔡邕、锺繇等人所书碑刻,他精研各书体势,博取众家之长,突破了汉魏质朴厚重的古风,创造出风格轻灵自然、潇洒飘逸的新体,其笔势被称为"飘若浮云,矫若惊龙"。王羲之的行书更是千古独步。他在前人行书基础上,将各家用笔、结字中的一些长处加以融合贯通,终于创出享誉后世的行书体。《兰亭集序》即被后世称为"天下第一行书"。虽然现在真迹下落成谜,但是从各种摹本上,我们也能看出《兰亭集序》游行自在、内敛蕴藉、收放自如的艺术魅力。张彦远《法书要录》卷三说:"穆帝永和九年暮春三月三日,宦游山阴……修被褉之礼,挥毫制序,兴乐而书,用蚕茧纸、鼠须笔,遒媚劲健,绝代更无。凡二十八行,三百二十四字,有重者皆构别体,就中'之'字最多,乃有二十许个,变转悉异,遂无同者。"

从全篇章法看来,纵则有行,横则无列,气韵生动,笔意畅通,给人以清新飞扬、起伏有致之感。在用笔、结构、点画搭配等方面则极富变化,纵横洒脱。

据说唐太宗李世民对王羲之书法情有独锺，听说《兰亭集序》为一老僧珍藏，于是派人高价购买，无奈老僧人誓死不售，于是又派人乔装为文士，与老僧人接近，渐渐松懈其防备，最后窃取成功。他临死前，又嘱将《兰亭集序》真迹殉葬。在他看来，有了王羲之的书法，其馀的一切都不再入法眼了。唐太宗对《兰亭集序》的痴爱，也是王羲之书法艺术之高的最好证明。

二、苏轼 《黄州寒食诗帖》

"自我来黄州，已过三寒食。年年欲惜春，春去不容惜。今年又苦雨，两月秋萧瑟。卧闻海棠花，泥污燕支雪。暗中偷负去，夜半真有力，何殊病少年，病起头已白。春江欲入户，雨势来不已。小屋如渔舟，蒙蒙水云里。空庖煮寒菜，破灶烧湿苇。那知是寒食，但见乌衔纸。君门深九重，坟墓在万里。也拟哭途穷，死灰吹不起。"

苏轼是中国文化史上集多种天赋于一身的天才人物。他的一生宦海浮沉，命运偃蹇。虽然他常常说"人生如逆旅，我亦是行人"这样豁达的话，但是再刚强洒脱的人也有脆弱的时刻。《黄州寒食诗》作于苏轼被贬黄州的第三个年头，即宋神宗元丰五年（1082）。这首诗痛快淋漓地记录了自己的痛苦，在异乡土地上，苏轼一家迎来了第三个潦倒苍凉的寒食节。在像秋天一样寒冷的背景下，屋子像小船一样浸泡在淫雨中，吃着冷菜，烧着湿漉漉的柴禾，这样

◎ 黄州寒食诗帖（北宋·苏轼）

的生活怎么才能撑下去呢？苏轼甚至悲观地想,他可能就要命丧于此了。

《黄州寒食诗帖》为纸本,横三十四点二厘米,纵十八点九厘米,行书,共一百二十九字,十七行。此帖被称为天下第三行书,真实地记录下他情绪的波动。苏轼将内心的苦涩和冲突,寓于点画线条的变化中,或正锋,或侧锋,断联多变,揖让进退,一气呵成。其结字大小、轻重、短长、肥瘦全凭诗文意气变化。行书至郁悲之处,落笔恣肆奇崛,如"年"、"中"、"苇"、"纸"诸字,最后一笔悬直而下,如同仰天长吁,气成长竖,整篇章法形成别有感情效果的行间布白。与苏轼并称的书家黄庭坚为此卷作跋,堪称双美并具。黄庭坚在《黄州寒食诗跋》中说:"东坡此诗似李太白,犹恐太白有未到处。此书兼颜鲁公、杨少师、李西台笔意,试使东坡复为之,未必及此。"苏轼自己也这样认为,他在《石苍舒醉墨堂》中说:"我书造意本无法,点画信手烦推求。"也许,只有像他那样的天才,才能创作出这样看似偶得的即兴神品吧。

清明,一个永远值得咏叹的日子。

寒食禁火,清明出火;上巳求子,寒食悼亡;悲来扫墓,喜去春游。逝者如昨,生者似花,生生息息,无穷尽也。因此节俗中的清明——也只有清明——最能代表中国传统阴阳辨证之理。

　　随着现代化进程,很多传统节日都在"进化"的潮流被人为地抛弃了,同时裹挟走的还有人类饱满的生活热情。在"科学主义"泛滥,一切以效益、工具组装起来的今天,人们终于意识到传统人文关怀的重大价值。这种关怀是人类进步交响乐中惟一的非金属声音,是人的声音。多一份虔诚的情感存在,无论是伦理的还是宗教的,这个世界就会温暖得多。

　　虽然没有人从彼岸世界回来验证鬼神之事,但这不妨碍我们的虔诚。子曰:"祭如在,祭神如神在。吾不与祭,如不祭。"因此,只要有怀念先人的时刻,祖先就和我们同在春光下,我们的生命就不是没有意义的黑洞。同样,以这种关爱面对大自然,春游可以理解为和春天在一起游玩。大自然就不仅仅被视为可蹂躏的殖民地,而是相看两不厌的庇护者。

　　尊先人,爱自己,亲自然。这也许就是千年清明的魅力吧。

后　记

　　应王稼句先生之嘱,作《清明》一书。开始觉得时间紧迫,稼句先生却不以为然,认为只有时间紧,才能写得出。回头想一下,然也。

　　从去年夏季忙到今年三月末,转眼间即将到清明节。古人还是真有智慧,能够将形容词和名词合成一个"清明"。从字面上可以想象,一个万物疏朗、洁净而富有生机的季节。因此,后来人们还用它延伸形容政治的完美状态。写这段文字的时候我坐在莫愁湖边上的书房里,这是三月中旬一个周末的下午,从早上开始,整个南京城笼罩在无名的阴霾中,这样糟糕的天气在近几年已经让人见怪不怪了,阳台上的花草也意识到快到清明发芽的时候,可是它们好不容易挣扎出来的绿叶子,每天都被城市的灰尘搞得灰头土脸。它们乡下的草木亲戚也好不到哪里去,现代化和城市化的脚步那么快,楼房每向芳草迷离的远方走一步,就甩给我们要忙乎好几年的后遗症。

　　这几年扫墓的内容越来越丰富,最起码也和市场经济或者社会现象挂上了钩。因为环境恶化,人们想如古人一样扫墓完毕,在春风浩荡的郊外野餐的愿望成了奢侈,于是,不但火了饭馆,也催生了旅游行业"清明踏青"的业务。除了警告大众不要烧纸以免引起火灾的提醒以外,各地方的传媒还增加了曝光公车扫墓的反腐败内容。说到底,时代确实在变化,只是到底有多少是值得我们欢欣鼓舞的却是个值得思考的问题。

　　说话间我又扯远了，还是回到这本书上吧。写这本书的过程是一趟文献之旅。长夜翻拣故纸，苦多乐亦多。那些乍看毫无生气、令人生畏的繁体字中隐藏着古人活色生香的日常生活，他们的日常生活史平实、绚烂，而且与自然有着息息相关的血缘关系，与我们"麦当劳"化的现代生活相比，他们才是"诗意地栖息"。从某种意义上说，这本书对我来说还是一种锻炼，在学校呆久了，曾经有过的一两丝灵气已经被消磨为学究气，好在有稼句先生、苏华先生的时刻提醒和实实在在的帮助，还有未曾谋面的薛勇先生无偿提供我参考资料，南京薛冰先生也给我鼓励和指导。另外，承蒙谢白、屠国啸、孙力堃、刘凡、王家成、周馨、先华、王旻一诸君为本书提供了图版。所有的一切，都是这个写作过程为我带来的记忆——美好的回忆。

2010 年 3 月 20 日

主要参考资料

著 作

中国地方志民俗资料汇编,丁世良、赵放主编,北京图书馆出版社 1989 — 1995 年版。

扬州风土记略,徐谦芳撰,江苏古籍出版社 2002 年版。

扬州市志,扬州市地方志编纂委员会编,中国大百科全书出版社 1997 年版。

宗教与神话论集,李亦园著,台北立绪文化事业有限公司 1998 年版。

现代日本人的风俗习惯,马凤鸣主编,大连理工大学出版 2001 年版。

孙作云文集,河南大学出版社 2002 年版。

中国风俗之谜,完颜绍元著,上海辞书出版社 2002 年版。

韩国风俗民情研究,徐恩禄、权伍铣编著,东方出版社 1994 年版。

风筝史话,徐艺乙著,北京工艺美术出版社 1997 年版。

中国传统节日文化,杨琳著,宗教文化出版社 2000 年版。

东汉生死观,余英时著,上海古籍出版社 2006 年版。

清明,张勃著,三联书店 2009 年版。

中华文化通志·宗教与民俗典,中华文化通志编委会编,上海人民出版社 1998 年版。

山西民俗,张馀编著,甘肃人民出版社 2002 年版。

论　文

周代祭品观念(曹建墩),《天中学刊》2008 年第二十三卷第
　　六期。

寒食缘起:从地方性到普泛化(陈泳超),《民俗研究》2008 年
　　第二期

中国鬼节与阴阳五行:从清明节和中元节说起(高洪兴),《复
　　旦学报》2005 年第四期。

寒食节考(李晨光),《文史月刊》2003 年第四期。

前人对寒食习俗的解说及其内在矛盾(李道和),《民族艺术研
　　究》2002 年第五期。

古代宗教祭祀用食物类祭品的构成及其形态特征(李金平),
　　《湖北广播电视大学学报》2007 年第二十七卷第一期。

宋代蹴鞠服饰艺术管窥(李艳艳、李艳梅),《装饰》2005 年第
　　八期。

走出清明节解释的两个误区(林继富),《中央民族大学学报》
　　2008 年第五期。

试论中国风筝之始见与始作问题(刘敦愿),《民俗研究》1990年第一期。

寒食与山西(刘晓峰),《民族艺术》2007年第二期。

上巳节与日本的女儿节(刘晓峰),《文史知识》2005年第四期。

元明以来纸钱的研究(陆锡兴),《南方文物》2008年第一期。

荠菜花与上巳节(陶思炎),《文化遗产》2008年第二期。

元朝时期的伎女蹴鞠(王赛时),《寻根》2004年第六期。

圆社与蹴鞠运动衰亡(王祥),《体育文化导刊》2009年第二期。

风筝的起源(于培杰),《百科知识》2005年第三期。

祭墓与踏青:中国人的家族情怀(萧放),《文史知识》2000年第四期。

论官方与民间合力对寒食习俗的影响(张勃),《齐鲁学刊》2004年第二期。

寒食节起源新论(张勃),《民俗研究》2004年第三期。

风筝的起源:文化人类学视角(张基振,虞重干),《体育文化导刊》2006年第六期。

中国风筝的几点历史考证(张基振,虞重干),《西安体育学院学报》2008年第二十五卷第一期。

风筝运动的起源及其文化内涵(张君艳,张光芬,周利),《体育
　　科技文献通报》2008 年第一期。

论娱乐(锺敬文),《浙江学刊》1999 年第五期。

寒食节及其食俗考辨(周爱东),《扬州大学烹饪学报》2003 年
　　第二期。

中国古代足球——蹴鞠消亡原因新论(周驰、王俊奇),《南昌
　　航空大学学报》2008 年第二期。

纸钱的符号学研究(〔美〕 C. Fred Blare,冉凡译),《广西民
　　族学院学报》2005 年第五期。

图书在版编目（CIP）数据

清明／王咏著. —太原：三晋出版社，2010.4
ISBN 978-7-5457-0212-5

Ⅰ．清… Ⅱ．王… Ⅲ．节日—风俗习惯—中国 Ⅳ.
K892.1

中国版本图书馆CIP数据核字（2010）第047584号

清 明

著　　者：王　咏
责任编辑：张继红
助理编辑：魏思思
装帧设计：舟　城
出 版 者：山西出版传媒集团·三晋出版社（原山西古籍出版社）
地　　址：太原市建设南路21号
邮　　编：030012
电　　话：0351-4922268（发行中心）
　　　　　0351-4956036（综合办）
　　　　　0351-4922203（印制部）
E—mail：sj@sxpmg.com
网　　址：http://sjs.sxpmg.com
经 销 者：新华书店
承 印 者：山西臣功印刷包装有限公司
开　　本：889 mm×1194 mm　1/32
印　　张：6.5
字　　数：50千字
版　　次：2010年4月　第1版
印　　次：2010年4月　第1次印刷
书　　号：ISBN 978-7-5457-0212-5
定　　价：30.00元